자수실로 뜨는
큐피
손뜨개
인형옷

오랜 세월 사랑받아 온 큐피 인형.

큐피 인형은 사랑의 신 '큐피드'에서 모티브를 따 만든 캐릭터 인형입니다.

이 책에서는 코바늘로 뜨는 큐피 인형의 옷을 소개하고 있어요.

원피스, 스웨터 등 일상생활에 입는 옷을 시작으로

학교에서 공부하는 큐피를 위한 교복,

경찰관, 간호사, 의사, 웨이트리스 등의 제복,

귀엽고 깜찍한 동물과 과일 옷, 할로윈이나 크리스마스에 어울리는 화려한 코스튬,

어릴 적 읽은 동화 속 캐릭터와 웨딩드레스까지 다양한 옷을 다루고 있습니다.

이 책에서 소개하는 색이 아닌 다른 색으로도 응용하여 떠 보세요.

다양한 색으로 떠서 갈아입히는 재미도 있어요.

키홀더처럼 매일 사용하는 소지품으로 만들어도 좋아요.

귀여운 큐피 인형에 자신만의 특별한 옷을 만들어주세요.

: **25번 자수실의 포인트** :

430색 이상의 풍부한 컬러가 있어 자유자재로 색을 조합하여 즐길 수 있습니다.

색의 농담(濃淡)이 풍부하므로 그러데이션을 살려 작품을 만들 수 있습니다.

실에 광택이 있어 보다 아름답게 완성됩니다.

한 타래의 가격이 적당하기 때문에 부담 없이 많은 실을 구입할 수 있습니다.

여섯 올 두께를 그대로 뜰 수 있어 처음 시작하는 분도 쉽게 뜰 수 있습니다.

Contents

외출하는 큐피 p.6

1　　2　　3　　4　　5

교복 입은 큐피 p.8

6　　7　　8　　9　　10　　11

동물 큐피 p.10

12　　13　　14　　15　　16　　17

수족관 큐피 p.12

18　　19　　20　　21　　22　　23　　24

과일과 야채 큐피 p.14

25 26 27 28 29 30 31 32

디저트 큐피 p.16

33 34 35 36 37 38 39

일하는 큐피 p.18

40 41 42 43 44 45

동화 속 큐피 p.20

46 47 48 49 50 51

할로윈 큐피 p.22
52　53　54

크리스마스 큐피 p.23
55　56　57　58

꽃의 요정 큐피 p.24
59　60　61　62　63　64

마트료시카 큐피 p.26
65　66　67

달마 큐피 p.27
68　69　70　71

웨딩 큐피 p.28
72　73

일본식 웨딩 큐피 p.29
74　75

코바늘뜨기의 기초 p.30　|　이 책에서 사용한 재료 p.36　|　기초 레슨 p.37
포인트 레슨 p.38　|　도안 p.44

10CM KEWPIE

외출하는 큐피

제각각 멋을 낸 3명의 아가씨.
오늘은 어디로 갈까요?

1 **2** **3**

° **HOW TO MAKE** p.44
° **DESIGN** 기외이 마유미

1 헤어밴드, 원피스, 숄더백
2 블라우스, 스커트
3 땋은 머리가 붙은 모자, 원피스

백화점에서 쇼핑 데이트를 즐기는 두 사람.
폭신폭신 따뜻한 뜨개 스웨터를 입었어요.

4   **5**

- **HOW TO MAKE** p.44
- **POINT LESSON** p.38
- **DESIGN** 가와이 마유미

4 모자, 스웨터, 체크스커트
5 머플러, 스웨터, 바지

10CM KEWPIE

교복 입은 큐피

교실 안 즐거워 보이는 학생들.
플리츠 스타일의 스커트가 귀여워요.

- **HOW TO MAKE** p.49
- **POINT LESSON 7·8·10** p.39
- **DESIGN** 이마무라 요코

6   7

6 교복 입은 여자아이
7 교복 입은 남자아이
8·10 세일러복 입은 남자아이
9·11 세일러복 입은 여자아이

$1+1=$ $4+1=$

$2+1=$ $5+1=$

$3+1=$

月
日

세일러복은 흰색과 남색 중
좋아하는 색으로 떠보세요.

8　　　9　　　10　　　11

5CM KEWPIE
동물 큐피

5cm 크기의 작은 큐피 인형에 귀여운 동물 옷을 입혀보았어요.
얼굴 부분으로 입고 벗을 수 있도록 만들어 갈아입히는 재미가 있어요.

12

13

14

- **HOW TO MAKE** p.52
- **DESIGN** 마쓰모토 가오루

12 곰
13 레서판다
14 판다
15 흰 고양이
16 얼룩고양이
17 토끼

15

16

17

키홀더로 만들어
가지고 다녀도 귀여워요.

5CM KEWPIE
수족관 큐피

수족관의 귀여운 인기쟁이들!
기어가는 모습의 돌고래와 서 있는 모습의 해파리.
당신은 어떤 쪽이 좋은가요?

18

19

20

- **HOW TO MAKE** p.55
- **POINT LESSON** p.39
- **DESIGN** 이치카와 미유키

18 범고래
19 돌고래
20 바다표범

5cm 기어가는 모습의 큐피

당장이라도 둥실둥실 떠다닐 것 같은 해파리와 문어에는 다리를 붙여요.
펭귄은 배색을 바꾸어 몇 개라도 떠보고 싶어요.

21·22 해파리
23 문어
24 펭귄

5CM KEWPIE
과일과 야채 큐피

과일과 야채 스타일로 만든 옷은
작은 큐피들에게 잘 어울려요.

- **HOW TO MAKE** p.58, p.59
- **DESIGN** 후지타 도모코

25 멜론
26 바나나
27 가지
28 오렌지
29 푸른 사과
30 빨간 사과
31 옥수수
32 토마토

26·27·31 5cm 기어가는 모습의 큐피

29

30

31

32

오도카니 서 있는 귀여운 큐피는 부엌에 두고 계속 보고 싶어져요.
옥수수는 뜨개조직으로 알맹이의 느낌을 표현했어요.

5CM KEWPIE
디저트 큐피

만세 포즈의 타르트와 롤 케이크 큐피는
머리에 얹은 과일이 포인트예요.

33

34

35

36

° HOW TO MAKE p.61
° POINT LESSON 35 p.40
° DESIGN 후지타 도모코

33 복숭아 타르트
34 체리 타르트
35 딸기 롤 케이크
36 초콜릿 롤 케이그

쇼트케이크 큐피들과 귀여운 티타임을 보내요 ♪

37

38

39

° HOW TO MAKE p.64
° DESIGN 후지타 도모코

37 딸기 쇼트케이크
38 머스캣 쇼트케이크
39 블루베리 쇼트케이크

5cm 기어가는 모습의 큐피

10CM KEWPIE
일하는 큐피

제복에 따라 분위기가 바뀌는 큐피들.
한 벌 뜨고 나면 그 직업에 관련된 소품도 함께 장식하고 싶어져요.

- HOW TO MAKE p.66
- POINT LESSON 42 p.40
- DESIGN 마쓰모토 가오루

40 경찰관
41 스튜어디스
42 웨이트리스

멋진 소방관도 귀여운 간호사도 모두 잘 어울려요.
의사선생님의 청진기는 상의에 바느질로 고정시켜 떨어지지 않아요.

43 **44** **45**

° HOW TO MAKE p.66
° POINT LESSON 43 p.41, p.71
° DESIGN 마쓰모토 가오루

43 소방관
44 간호사
45 의사

10CM KEWPIE

동화 속 큐피

동화 속 인기 여자 주인공은 전부 떠서
자랑하고 싶을 정도로 귀여워요.

46　　　　　　　　47　　　　　　　　48

° **HOW TO MAKE** p.72
° **DESIGN** 이마무라 요코

46 인어공주
47 이상한 나라의 앨리스
48 빨간 망토

이번에는 일본의 동화 속 남자 주인공 3명이에요.
아이들에게 이야기를 들려주며 사용하면 즐거워할 거예요.

49 **50** **51**

° HOW TO MAKE p.72
° POINT LESSON 49 p.42
° DESIGN 이마무라 요코

49 우라시마 타로
50 모모타로
51 긴타로

· **우라시마 타로** : 거북이를 구해준 어부가 거북의 등을 타고 용궁에 갔다가 수백 년이 지나 지상으로 돌아왔다는 이야기의 일본 전래동화 속 주인공
· **모모타로** : 강에 떠내려가는 커다란 복숭아 안에서 태어난 동화 속 주인공
· **긴타로** : 일본 전래동화의 주인공으로 힘이 아주 세고 마음씨 착한 동자

5CM KEWPIE

할로윈 큐피

작은 큐피들에게 할로윈 의상을 입혀 가지고 다니면
모두에게 주목받을 거예요!

52　　　　53　　　　54

° **HOW TO MAKE** p.76
° **DESIGN** 이치카와 미유키

52 마녀
53 호박
54 유령

5CM KEWPIE
크리스마스 큐피

손바닥만 한 크기의 귀여운 크리스마스 큐피들.
키홀더로 만들어 선물해보면 어떨까요?

- **HOW TO MAKE** p.76
- **DESIGN** 이치카와 미유키

55 트리
56 루돌프
57 산타클로스
58 눈사람

10CM KEWPIE

꽃의 요정 큐피

여자아이가 두근두근할 사랑스러운 꽃 드레스.
수국과 미니장미는 드레스에 꽃을 충분히 배치해주세요.
장미의 우아함에 마음을 사로잡힐 거예요.

59

60

61

- HOW TO MAKE p.80
- POINT LESSON 60 p.41
- DESIGN 엔도 히로미

59 수국
60 장미
61 미니장미
62 해바라기
63 아네모네
64 은방울꽃

해바라기, 아네모네, 은방울꽃은 치마를 꽃잎 모양으로 만들어요.
수국과 은방울꽃은 등에 작은 날개를 잊지 말고 붙여주세요.

62 63 64

5CM KEWPIE

마트료시카 큐피

옷의 앞길 부분에 각각 다른 자수를 한 마트료시카는
배색을 달리하여 여러 개 뜨고 싶어져요.

65　　　　　　66　　　　　　67

° HOW TO MAKE　p.84
° DESIGN　오카 마리코

5CM KEWPIE

달마 큐피

운수가 좋을 것 같은 달마는 색색마다 소원을 담아
소중한 사람에게 선물해보아요.

68

69

70

71

- **HOW TO MAKE** p.85
- **DESIGN** 오카 마리코

10CM KEWPIE

웨딩 큐피

행복이 가득한 신부의 머리에는 꽃 면사포를,
신랑의 가슴에는 꽃 코르사주를 장식해요.

72　　　**73**

° **HOW TO MAKE** p.86
° **DESIGN** 오카 마리코

10CM KEWPIE

일본식 웨딩 큐피

신부의 전통 의상은 자수와 태슬로 호화롭게 장식해요.
신랑은 검은색 바탕에 문양을 넣은 전통 의상으로 결정!

74
75

° HOW TO MAKE p.89
° POINT LESSON 74 p.43
° DESIGN 오카 마리코

코바늘뜨기의 기초

도안 보는 법
뜨개 도안은 전부 겉면에서 본 것으로 일본공업규격(JIS)에서 정했다.
코바늘뜨기에서는 코의 겉과 안의 구별이 없고(걸어뜨기 코는 제외) 겉면과 안쪽 면을 교차로 보면서 뜨는 왕복뜨기의 경우에도 기호는 같이 표기되어 있다.

사슬코 보는 법
사슬코에는 겉과 안이 있다. 안쪽 면의 중앙에 1가닥 나와 있는 곳을 사슬의 '뒷산'이라고 한다.

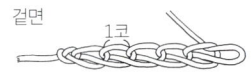
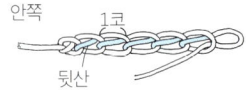

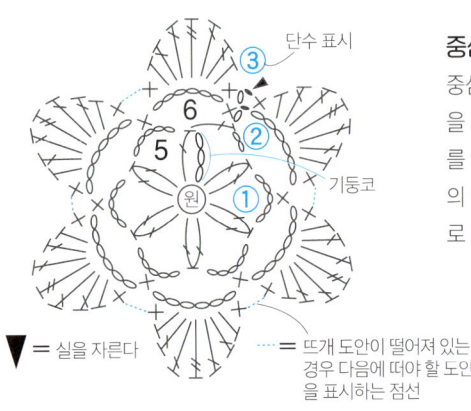

중심에서 원형으로 뜰 때
중심에서 원(또는 사슬)을 만들어 1단씩 원을 그리듯이 뜬다. 각 단의 시작에 기둥코를 세우고 떠간다. 기본적으로는 뜨개조직의 겉면을 보고 도안의 오른쪽에서 왼쪽으로 떠간다.

▼ = 실을 자른다   ┈ = 뜨개 도안이 떨어져 있는 경우 다음에 떠야 할 도안을 표시하는 점선

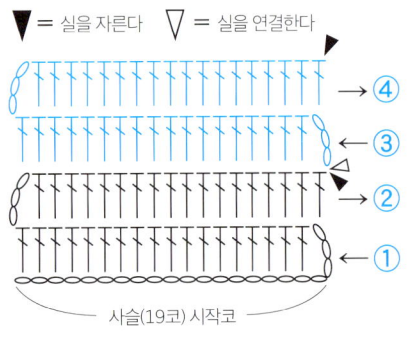

▼ = 실을 자른다   ▽ = 실을 연결한다

왕복뜨기를 할 때
좌우에 기둥코가 있는 것이 특징으로, 오른쪽에 기둥코가 있을 때는 뜨개조직의 겉면을 보고 도안의 오른쪽에서 왼쪽으로 뜬다. 왼쪽에 기둥코가 있을 때는 안쪽 면을 보고 도안의 왼쪽에서 오른쪽으로 뜨는 것이 기본. 그림은 3단째에서 배색실로 바꾼 도안.

첫코 만드는 법

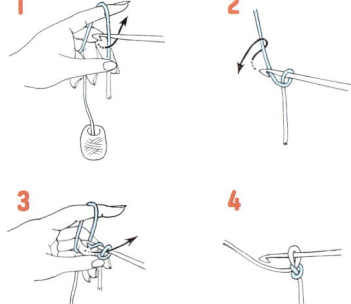

1. 바늘 끝을 실의 뒤쪽에 두고 화살표처럼 돌린다.
2. 그림처럼 바늘에 실을 건다.
3. 고리 안으로 통과시켜 실을 앞쪽으로 빼낸다.
4. 실 끝을 당겨 코를 조이면 첫코가 완성된다 (이 코는 콧수로 세지 않는다).

실과 바늘 잡는 법

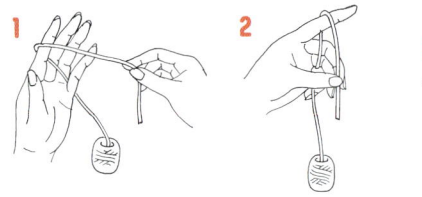
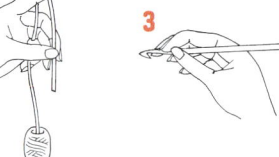

1. 왼손의 새끼손가락과 약지 사이에 실을 걸어 검지에 감은 다음 실 끝을 앞으로 가져온다.
2. 엄지와 중지로 실 끝을 잡고, 검지를 세워서 실을 팽팽하게 한다.
3. 코바늘은 엄지와 검지로 집고 바늘 끝에 중지를 가볍게 받친다.

✲ 시작코 ✲

 중심에서 원형으로 뜰 때 (실 끝으로 고리를 만든다)

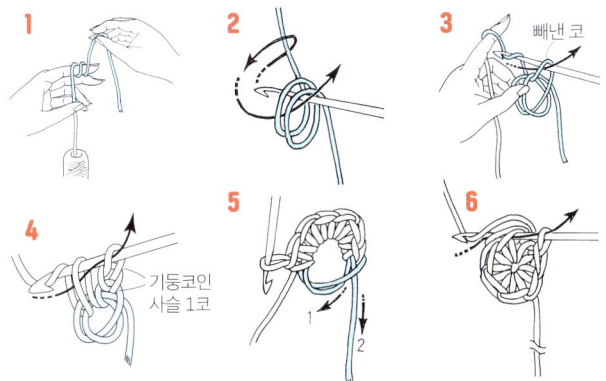

1. 왼손 검지에 실을 두 번 감아 고리를 만든다.
2. 고리를 손으로 잡고, 중심에 바늘을 넣어 실을 걸고 앞쪽으로 빼낸다.
3. 다시 바늘 끝에 실을 걸어 빼내고, 사슬을 1코(기둥코) 뜬다.
4. 1단째는 고리의 중심에 바늘을 넣어 필요한 콧수만큼 짧은뜨기를 뜬다.
5. 필요한 콧수만큼 뜬 다음 바늘을 빼고, 맨 처음 만든 고리의 실과 실 끝을 당겨 고리를 조인다.
6. 1단째의 끝 첫코의 짧은뜨기의 사슬머리에 바늘을 넣어 실을 걸어 빼낸다.

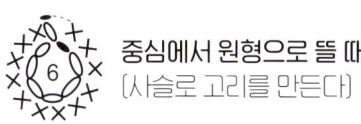 중심에서 원형으로 뜰 때 (사슬로 고리를 만든다)

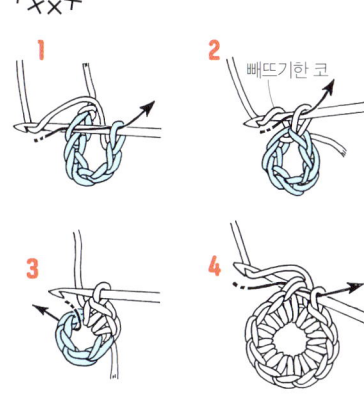

1. 필요한 콧수만큼 사슬을 뜨고, 첫 번째 사슬의 반 코에 바늘을 넣고 실을 걸어 빼낸다.
2. 바늘에 실을 걸어 실을 빼낸다. 이것이 기둥코인 사슬 1코가 된다.
3. 1단은 고리 중심에 바늘을 넣고, 화살표처럼 사슬을 통째로 주워서 필요한 콧수만큼 짧은뜨기를 뜬다.
4. 1단의 마지막은 첫 번째 짧은뜨기의 사슬머리에 바늘을 넣고 실을 걸어 빼낸다.

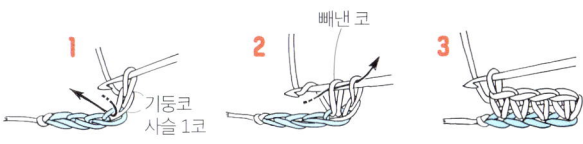 왕복뜨기를 할 때

1. 필요한 콧수의 사슬과 기둥코분의 사슬을 뜨고, 끝에서 2번째 사슬에 바늘을 넣고 실을 걸어 빼낸다.
2. 바늘 끝에 실을 걸고 화살표대로 실을 빼낸다.
3. 1단째가 떠진 모습(기둥코의 사슬 1코는 콧수로 세지 않는다).

✲ 구슬뜨기의 앞 단 코 줍는 방법 ✲

 1코에서 주워서 뜨기

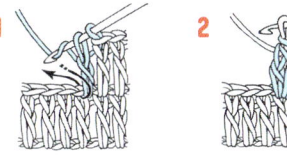

 사슬 통째로 주워서 뜨기

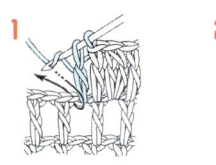 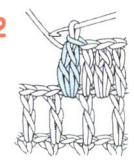

같은 구슬뜨기라도 도안에 따라 코 줍는 방법이 다르다. 뜨개 기호의 아랫부분이 붙어 있을 때는 앞 단의 1코에 바늘을 넣어서 뜨고, 뜨개 기호의 아랫부분이 벌어져 있을 때는 앞 단 사슬을 통째로 주워서 뜬다.

╳╳ 뜨개코 기호 ╳╳

⬭ 사슬뜨기

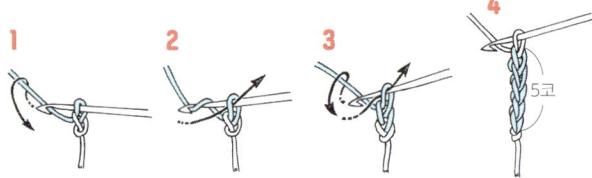

1. 첫코를 만들고 화살표처럼 바늘을 돌린다.
2. 바늘에 실을 걸어 고리를 끌어낸다.
3. 같은 동작을 반복한다.
4. 사슬뜨기 5코 완성.

● 빼뜨기

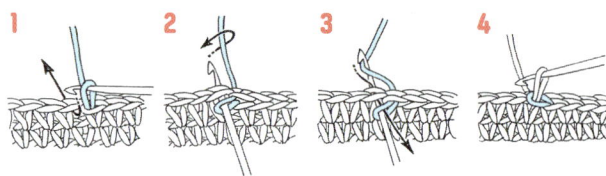

1. 앞 단의 코에 바늘을 넣는다.
2. 바늘 끝에 실을 건다.
3. 실을 한 번에 빼낸다.
4. 빼뜨기 1코 완성.

╳ 짧은뜨기

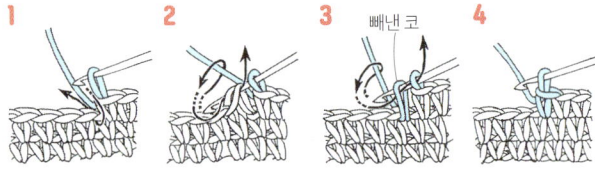

1. 앞 단의 코에 바늘을 넣는다.
2. 바늘 끝에 실을 걸고 고리를 앞으로 끌어낸다(끌어낸 상태를 '미완성의 짧은뜨기'라고 한다).
3. 바늘 끝에 실을 걸어 2개의 고리 사이로 한 번에 빼낸다.
4. 짧은뜨기 1코 완성.

┬ 긴뜨기

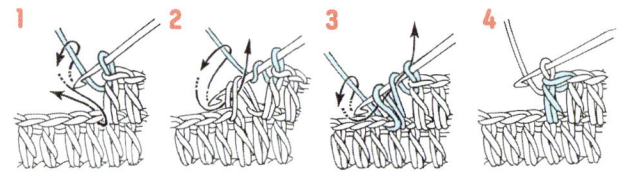

1. 바늘 끝에 실을 걸고 앞 단의 코에 바늘을 넣는다.
2. 다시 바늘 끝에 실을 걸어 앞으로 끌어낸다(끌어낸 상태를 '미완성의 긴뜨기'라고 한다).
3. 바늘 끝에 실을 걸어 3개의 고리 사이로 한 번에 빼낸다.
4. 긴뜨기 1코 완성.

┼ 한길긴뜨기

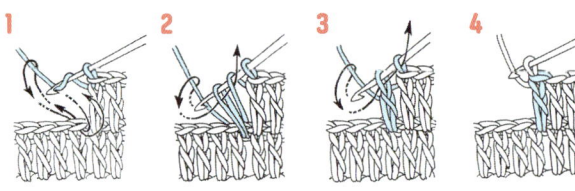

1. 바늘 끝에 실을 걸어 앞 단의 코에 바늘을 넣고 다시 실을 걸어 고리를 앞으로 끌어낸다.
2. 화살표처럼 바늘에 실을 걸어 고리 2개 사이로 빼낸다(이 상태를 '미완성의 한길긴뜨기'라고 한다).
3. 한 번 더 바늘 끝에 실을 걸어 나머지 2개의 고리 사이로 빼낸다.
4. 한길긴뜨기 1코 완성.

╪ 두길긴뜨기 ╪ 세길긴뜨기   * ( ) 안은 세길긴뜨기 할 때의 횟수

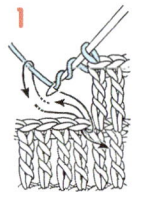 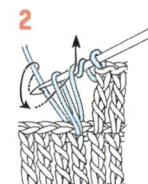 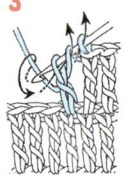 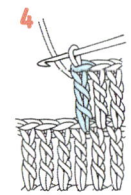

1. 바늘에 실을 2번(3번) 감아 앞 단의 코에 바늘을 넣고 다시 실을 걸어 고리를 앞으로 끌어낸다.
2. 화살표처럼 바늘 끝에 실을 걸어 고리 2개 사이로 빼낸다.
3. 같은 동작을 2번(3번) 반복한다.
4. 두길긴뜨기(세길긴뜨기) 1코 완성.

⬧ 한길긴뜨기 3코 구슬뜨기   ⬧ 두길긴뜨기 3코 구슬뜨기

＊( ) 안은 두길긴뜨기 3코 구슬뜨기 할 때의 횟수

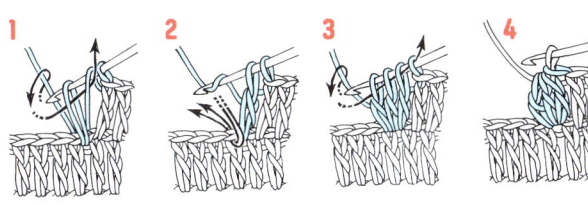

1. 앞 단의 코에 미완성의 한길긴뜨기(두길긴뜨기) 1코를 뜬다.
2. 같은 코에 바늘을 넣어 미완성의 한길긴뜨기(두길긴뜨기)를 계속해서 2코 더 뜬다.
3. 바늘 끝에 실을 걸고 바늘에 걸려 있는 4개의 고리 사이로 한 번에 빼낸다.
4. 한길긴뜨기(두길긴뜨기) 3코 구슬뜨기 완성.

⬦ 짧은뜨기 2코 모아뜨기   ⬦ 짧은뜨기 3코 모아뜨기

＊( ) 안은 3코 모아뜨기를 할 때의 횟수

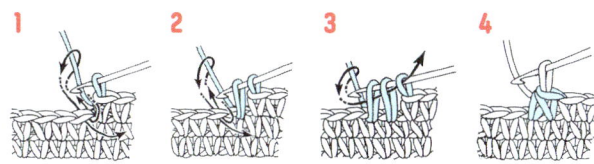

1. 앞 단의 사슬코에 화살표대로 바늘을 넣어 고리를 끌어낸다.
2. 다음 코에서도 같은 방법으로 고리를 끌어낸다(3코 모아뜨기는 다음 코에서 한 번 더 반복한다).
3. 바늘 끝에 실을 걸고 고리 3개(4개) 사이로 한 번에 빼낸다.
4. 짧은뜨기 2코 모아뜨기(3코 모아뜨기) 완성. 앞 단보다 1코(2코) 줄어든 상태.

⬦ 짧은뜨기 늘리기 [2코로 늘리기]   ⬦ 짧은뜨기 2코 늘리기 [3코로 늘리기]

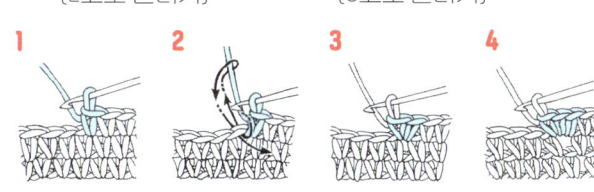

1. 앞 단의 사슬코에 짧은뜨기 1코를 뜬다.
2. 같은 코에 바늘을 넣어 고리를 끌어내 짧은뜨기를 뜬다.
3. 짧은뜨기를 2코 뜬 모습. 3코 늘리기는 같은 코에 한 번 더 짧은뜨기를 뜬다.
4. 앞 단의 1코에 짧은뜨기 3코를 뜬 모습. 앞 단보다 2코 늘어난 상태.

⬧ 한길긴뜨기 앞걸어뜨기

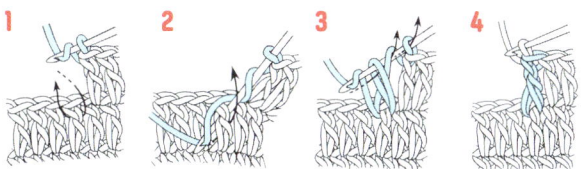

1. 바늘 끝에 실을 걸어 앞 단의 한길긴뜨기 다리에 화살표처럼 앞쪽에서 바늘을 넣는다.
2. 바늘 끝에 실을 걸어 조금 길게 실을 빼낸다.
3. 한 번 더 바늘 끝에 실을 걸어 2개의 고리 사이로 빼낸다. 같은 동작을 한 번 더 반복한다.
4. 한길긴뜨기 앞걸어뜨기 1코 완성.

⬧ 한길긴뜨기 뒤걸어뜨기

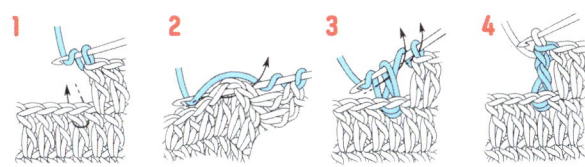

1. 바늘 끝에 실을 걸어 앞 단의 한길긴뜨기 다리에 화살표처럼 안쪽으로 바늘을 넣는다.
2. 바늘 끝에 실을 걸어 화살표처럼 뜨개 조직의 뒷면에 조금 길게 실을 빼낸다.
3. 바늘에 실을 걸어 빼낸다. 한 번 더 바늘에 실을 걸어 2개의 고리 사이로 빼낸다.
4. 한길긴뜨기 뒤걸어뜨기 1코 완성.

⬧ 한길긴뜨기 2코 모아뜨기

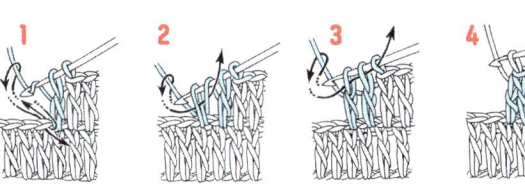

1. 앞 단의 코에 미완성의 한길긴뜨기(p.32 참조)를 뜨고 다음 코에 화살표처럼 바늘을 넣어서 실을 빼낸다.
2. 바늘 끝에 실을 걸어 고리 2개 사이로 빼내고 2번째의 미완성 한길긴뜨기를 뜬다.
3. 바늘 끝에 실을 감아 3개의 고리 사이로 한 번에 빼낸다.
4. 한길긴뜨기 2코 모아뜨기 완성. 앞단보다 1코 줄어든 상태.

⩔ 한길긴뜨기 늘리기

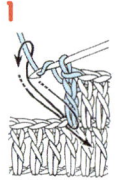 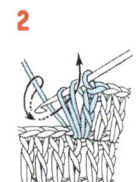 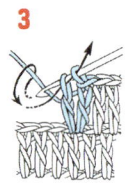 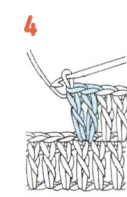

1. 한길긴뜨기를 1코 뜨고 같은 코에 한 번 더 한길긴뜨기를 뜬다.
2. 바늘 끝에 실을 걸어 고리 2개 사이로 빼낸다.
3. 한 번 더 바늘 끝에 실을 걸어 나머지 고리 2개 사이로 빼낸다.
4. 앞 단의 1코에 한길긴뜨기를 2코 뜬 모습. 앞단보다 1코 늘어난 상태.

✕ 짧은뜨기 이랑뜨기

* 매단 같은 방향으로 떠가면서 짧은뜨기의 이랑뜨기를 뜬다.

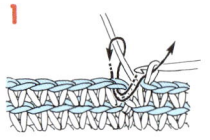 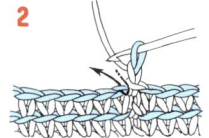 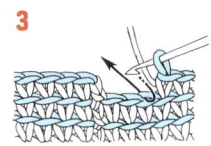 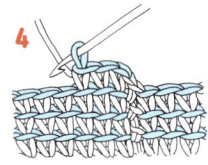

- 빼뜨기 이랑뜨기 = ●
- 긴뜨기 이랑뜨기 = ▲
- 한길긴뜨기 이랑뜨기 = ■

1. 단마다 겉면을 보면서 뜬다. 짧은뜨기를 한 바퀴 돌아서 뜨고 첫코에 빼뜨기한다.
2. 기둥코 사슬 1코(●=기둥코인 사슬은 뜨지 않는다. ▲=2코 ■=3코)를 뜨고 앞 단의 사슬 중 뒷고리만 주워서 짧은뜨기(●=빼뜨기 ▲=긴뜨기 ■=한길긴뜨기)를 뜬다.
3. 2와 같은 방법으로 반복해서 짧은뜨기(●=빼뜨기 ▲=긴뜨기 ■=한길긴뜨기)를 뜬다.
4. 앞 단의 사슬 앞고리가 줄기 모양처럼 남는다. 짧은뜨기 이랑뜨기 3단째 뜨고 있는 모습.

사슬 3코 피코빼뜨기

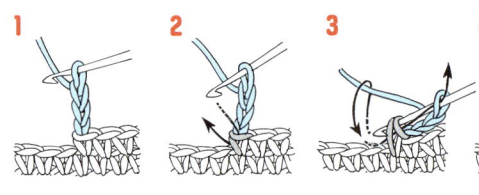

1. 사슬 3코를 뜬다.
2. 짧은뜨기의 사슬 머리 반 코와 다리 쪽 실 한 가닥에 바늘을 넣는다.
3. 바늘 끝에 실을 걸어 화살표대로 한 번에 빼낸다.
4. 사슬 3코 피코빼뜨기 완성.

한길긴뜨기 1코 오른쪽 위 교차뜨기

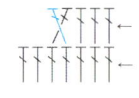

* 이 기호는 일본공업규격(JIS)에서는 '변형 한길긴뜨기 1코 교차뜨기'라고 명칭이 정해져 있으나 이 책에서는 '변형'을 생략해서 표기하고 있다.

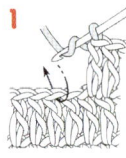 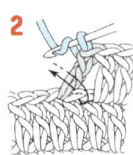 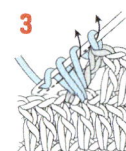 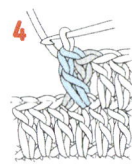

1. 바늘에 실을 걸어 1코 띄우고 그다음 코에 바늘을 넣어 한길긴뜨기를 뜬다.
2. 바늘에 실을 걸어서 띄워놓은 코에 화살표처럼 바늘을 넣는다.
3. 바늘 끝에 실을 걸어 앞에 떴던 한길긴뜨기의 앞쪽으로 한길긴뜨기를 뜬다.
4. 한길긴뜨기 1코 오른쪽 위 교차뜨기 완성.

짧은뜨기의 배색뜨기 (실을 가로로 걸쳐서 뜨는 방법)

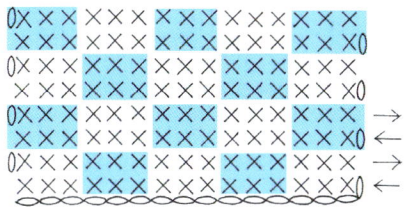
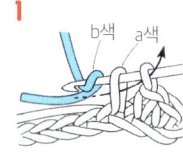

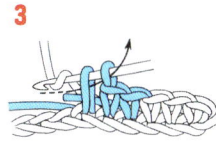

1. 실을 바꾸기 전의 짧은뜨기를 완성할 때 배색실(b색)을 걸어 빼낸다.
2. 배색실을 빼낸 모습. 계속해서 b색으로 뜨고, 바탕실(a색)과 b색의 실 끝을 같이 감싸듯 뜬다. 실 끝을 함께 뜨기 때문에 실 마무리를 하지 않아도 된다.
3. 배색실로 마지막 빼뜨기를 할 때 바탕실(a색)로 바꾼다.

되돌아 짧은뜨기

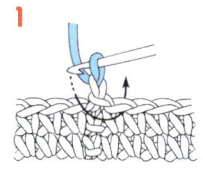
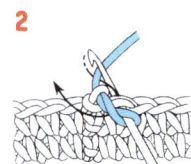
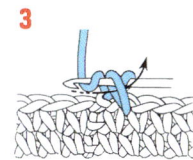
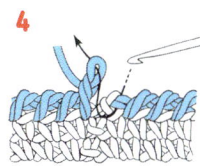

1. 기둥코 사슬 1코를 뜨고 화살표처럼 바늘을 돌려서 오른쪽 코에 넣는다.
2. 실 위로 바늘을 걸고 화살표처럼 그대로 실을 앞쪽으로 빼낸다.
3. 바늘에 실을 걸어 2개의 고리 사이로 한 번에 빼낸다.
4. 1~3을 반복해서 마지막까지 뜬 다음 코에서 바늘을 뺀다. 첫코에 화살표처럼 바늘을 넣어 코를 안쪽 면에서 빼낸다. 안쪽에서 실 정리를 한다.

꼬아 짧은뜨기

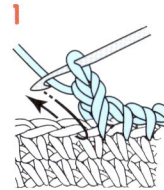
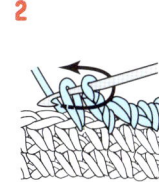

1. 화살표처럼 바늘을 넣고 실을 걸어 빼낸다.
2. 바늘 끝을 화살표처럼 앞에서 뒤쪽으로 회전시켜 코를 꼬아준다.
3. 바늘에 실을 걸어 꼬아준 코를 한 번에 빼낸다.
4. 꼬아 짧은뜨기 완성.

MATERIAL GUIDE
이 책에서 사용한 재료

✳ 자수실 ✳ ☞ 올림푸스제실주식회사

실물 크기   실물 크기

25번 자수실

품질	면 100%
실 길이	한 타래 8m
색의 수	434색

샤이니 리플렉터 라메 자수실

품질	[S101~S108] 인견 63%, 폴리에스테르 37%
	[S109] 인견 53%, 폴리에스테르 47%
실 길이	한 타래 8m
색의 수	9색

✳ 눈과 코 ✳ ☞ 일본아미구루미협회

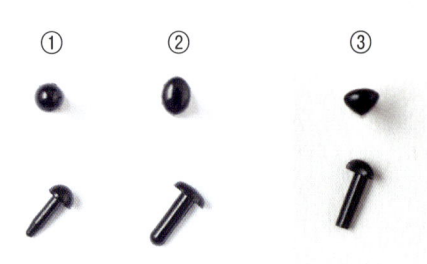

① 끼워 넣는 타입의 눈
② 끼워 넣는 타입의 타원형 눈
③ 끼워 넣는 타입의 코

✳ 큐피 인형 ✳ ☞ 유자와야

① 10cm 큐피
② 5cm 큐피
③ 5cm 기어가는 모습의 큐피

BASIC LESSON
기초 레슨

※ 자수실 다루는 법 ※

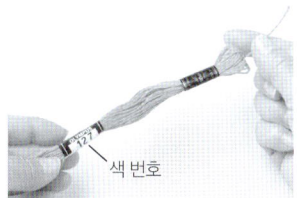

1 자수실 왼쪽 끝 고리를 손으로 잡고 실 끝을 천천히 당기면 엉키지 않고 부드럽게 꺼낼 수 있다. 라벨에는 색 번호가 표기되어 있는데, 같은 색을 사야 할 때 필요하므로 실을 다 쓸 때까지 실에 끼운 채로 사용한다.

2 자수실은 6가닥으로 되어 있다.

3 이 책의 작품은 모두 6가닥 그대로 뜬 것이다.

※ 실 나누기 ※

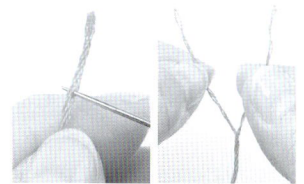

꼬여 있는 한 가닥의 실을 돗바늘의 끝부분 등으로 2~3가닥으로 나눈다. 자수 등의 세밀한 부분의 마무리에 사용한다. 실을 약 30cm 정도로 잘라 꼬여 있는 실을 반대 방향으로 돌리면 쉽게 나눌 수 있다.

※ 뜨개조직 연결하기(감침질로 잇기) ※

· 코와 코의 경우
  〔사슬코 전체를 줍는다〕

· 〔반 코를 줍는다〕

· 단과 단의 경우

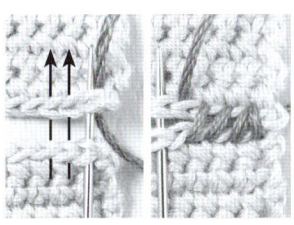
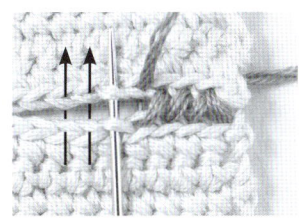
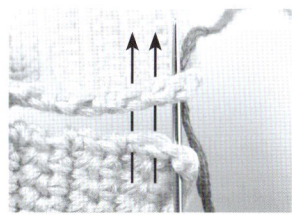
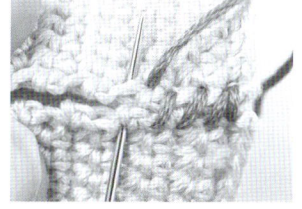

1 돗바늘에 실을 걸어 뜨개조직의 겉면끼리 맞대고 화살표처럼 교차로 사슬코를 주워서 잇는다. 양 끝의 코는 2번 반복한다.

2 반 코를 줍는 경우에는 사슬코의 머리 바깥부분을 화살표처럼 주워서 잇는다.

1 뜨개조직 끝부분 코의 실 2가닥을 화살표처럼 주워가면서 매 단을 잇는다.

2 실의 모양을 보기 쉽도록 헐겁게 감침질하고 있지만 실제로는 실을 당겨가면서 바느질한다.

※ 자수의 기초 ※

스트레이트 스티치

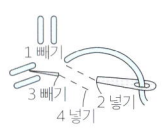

플라이 스티치

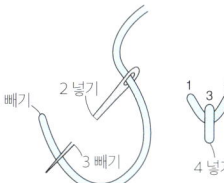

프렌치 노트 스티치

레이지 데이지 스티치

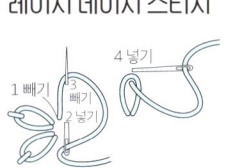

※ 그 밖의 기초 Index ※

· 배색실 교체 방법 ··· p.38
· 바지 뜨는 방법 ··· p.39
· 허리에 두르는 술 장식 만드는 방법 ··· p.42
· 세 가닥 땋기 ··· p.46

POINT LESSON
포인트 레슨

*알기 쉽도록 실의 색과 굵기를 바꾸어 설명하고 있습니다.

4·5 ° PHOTO p.7 ° HOW TO MAKE p.44

✕ 두길긴뜨기의 앞걸어 2코 교차뜨기

1 코바늘에 실을 두 번 감아, 앞단의 3번째 한길긴뜨기의 다리 부분에 화살표대로 바늘을 넣어 두길긴뜨기의 앞걸어뜨기를 뜬다.

2 두길긴뜨기의 앞걸어뜨기가 완성된 모습. 1과 같은 모습으로 4번째 코에도 두길긴뜨기의 앞걸어뜨기를 뜨고, 계속해서 1번째 코에도 화살표대로 바늘을 넣어 두길긴뜨기의 앞걸어뜨기를 뜬다.

3 1번째 코에도 뜬 모습. 같은 방법으로 2번째 코에도 화살표대로 바늘을 넣어 두길긴뜨기의 앞걸어뜨기를 뜬다.

4 2번째 코에도 떴다면 두길긴뜨기의 앞걸어 2코 교차뜨기가 완성.

배색실 교체 방법(4의 치마)

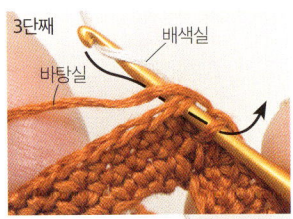 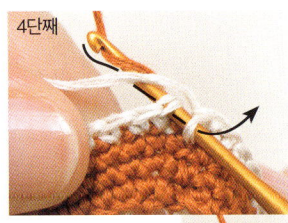  

1 도안을 참고하여 3단의 마지막 코를 뜨고, 바탕실을 바늘에 걸고 첫코에 바늘을 넣은 다음 배색실을 바늘 끝에 걸어 화살표대로 당겨 빼낸다. 오른쪽 아래 사진은 뜨개실이 배색실로 바뀐 모습.

2 배색실로 4단째를 뜨고 사진 1과 같이 배색실을 바늘에 걸고 바탕실을 바늘 끝에 걸어 화살표대로 당겨 빼낸다. 오른쪽 아래 사진은 뜨개실이 바탕실로 바뀐 모습.

3 바탕실로 6단째의 마지막 코를 뜨고, 사진 1과 같이 바탕실을 바늘에 걸고 4단을 뜬 배색실을 바늘 끝에 걸어 화살표대로 당겨 빼낸다. 오른쪽 아래 사진은 뜨개실이 배색실로 바뀐 모습.

4 치마를 뜬 모습. 뜨개실은 뜨개조직의 안쪽 면에서 세로로 걸쳐져 있다(실이 끊어지지 않고 다음 배색 단으로 연결).

빼뜨기 스티치(4의 치마)

1 빼뜨기로 스티치하는 첫코의 위치에 바늘을 넣고 실을 걸어 빼낸다.

2 다음 단에 바늘을 넣고 뒷면에서 바늘 끝에 실을 걸어 빼낸다.

3 한 코를 뜬 상태. 계속해서 **2**를 반복하여 한 단에 한 코씩 빼뜨기를 해 나간다. 실의 당기는 정도에 신경 쓰면서 수축되지 않도록 뜬다.

4 2줄을 뜬 모습. 실 끝은 돗바늘로 통과시켜 뒷면으로 빼내 마무리하여 매듭을 짓는다.

7·8·10   °PHOTO p.8·p.9   °HOW TO MAKE p.49

바지 뜨는 방법

1 양쪽 다리 부분(밑아래) 2장을 뜨고 뜨개조직의 지정 위치에 실을 연결한다.

2 2장의 다리 부분을 도안을 참고해서 12코씩 줍는다(a). b는 코를 한 바퀴 주운 모습.

3 2단째부터는 콧수의 증감 없이 밑위 부분을 7단 뜬다.

4 **2**에서 줍지 않았던 3코씩을 감침질한다. 실 정리를 하면 바지 완성.

18·19·20·21·22·23·24   °PHOTO p.12·p.13   °HOW TO MAKE p.55

눈 붙이는 방법

1 눈 부품의 다리 부분에 본드를 칠해 눈 위치에 끼워 넣는다.

2 본드가 마르면 뜨개조직을 뒤집어 뜨개조직에서 튀어나와 있는 눈 부품의 다리를 뜨개조직 두께만큼 남기고 자른다.

3 잘라낸 모습(큐피 머리에 씌웠을 때 닿는 것을 방지하기 위해 다리를 잘라낸다).

4 겉에서 본 모습.

35

°PHOTO p.16 °HOW TO MAKE p.61

딸기 롤 케이크 뜨는 방법

1 딸기 열매의 7단째의 마지막에서 뜨개실을 바꾸어(p.38 <배색실 교체 방법> 참조) 사슬 한 코 기둥코를 세운다.

2 7단째의 짧은뜨기 사슬 앞고리를 주워 올려 8단째(딸기 꼭지 부분)를 뜬다.

3 8단째까지 뜬 모습. 실을 바꾸어 7단의 남아 있는 반대편 반 코(사슬 뒷고리)를 걸쳐서 1코당 짧은뜨기 2코씩 떠서 머리를 뜬다.

4 9단째(머리 1단째)를 뜬 모습.

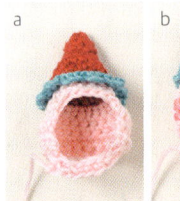

5 머리 7단(15단)까지 뜬 모습(a). 얼굴이 나오는 부분을 짧은뜨기로 한 바퀴 뜬 후 정리한다(b).

6 치마 2장을 뜨고, 겉면끼리 맞대어 ○와 ○, ●와 ●끼리 감침질한다.

7 ○와 ○, ●와 ●끼리 감침질한 모습. 계속해서 치마와 머리를 감침질한다.

8 머리의 마지막 단에서 좌우 양쪽 3코씩(☆)을 진동 부분으로 남겨두고 앞뒤 6코씩 치마와 감침질한다.

42

°PHOTO p.18 °HOW TO MAKE p.66

치마와 앞치마 마무리하기

1 앞치마와 치마를 8단까지 뜨고, 치마의 가장자리 15코까지 뜬 다음 앞치마의 지정 위치와 치마의 사슬에 남아 있는 반 코에 화살표대로 바늘을 넣는다.

2 바늘 끝에 실을 걸어 화살표대로 감아 빼서 짧은뜨기를 뜬다.

3 1, 2를 반복해서 치마의 8코만큼 앞치마를 겹친 후 2장을 같이 뜬다.

4 앞치마가 치마에 연결된 모습. 계속해서 가장자리 뜨기를 2단까지 뜬다.

43 ° PHOTO p.19   ° HOW TO MAKE p.66

* 알기 쉽도록 실의 색과 굵기를 바꾸어 설명하고 있습니다.

상의 뜨는 방법

 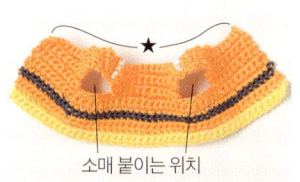  

1 앞길·뒷길을 뜨고, 양쪽 어깨는 ◉와 ◉, ◎와 ◎끼리 감침질 한다.

2 양쪽 어깨를 바느질한 모습. ★ 부분에 목둘레 부분을 2단 뜬다.

3 목둘레 부분을 1단 뜬 모습.

4 소매 붙이는 위치에 실을 걸어 소매를 각각 5단 뜬다. 사진은 소매를 1단 뜬 모습.

60 ° PHOTO p.24   ° HOW TO MAKE p.80

장미 원피스 뜨는 방법

• 1·2단째(꽃잎 a·b의 기초단)

• 3단째(꽃잎 c의 기초단)

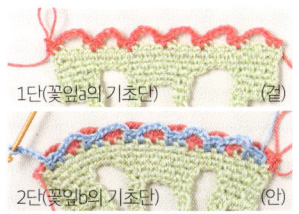  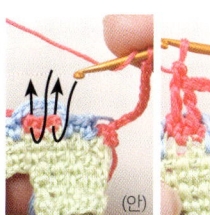 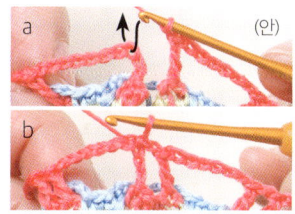

1 도안을 참고하여 상의 뜨개 조직 밑단에서 1번째 단(꽃잎 a의 기초단)을 뜬다. 1번째 단의 실을 그대로 두고, 뜨개조직을 반대로 돌려 새로운 실을 연결한 다음 2번째 단(꽃잎 b의 기초단)을 뜬다. 2번째 단의 마지막 코는 1번째 코에 빼뜨기한다.

2 원형으로 연결된 2단까지 뜬 모습. 1번째 단의 마지막에 두었던 실에 바늘을 넣는다. 이때, 1번째 단의 마지막 코가 2번째 단의 고리 앞으로 오도록 위치시킨다.

3 1번째 단이 끝난 부분에서 계속해서 3번째 단(꽃잎 c의 기초단)을 뜬다. 사슬 10코(기둥코 3코 +7코)를 뜨고 바늘에 실을 걸어 1번째 단의 짧은뜨기 부분에 화살표대로 바늘을 넣어 한길긴뜨기를 뜬다. 계속해서 사슬 1코를 뜨고 2번째 코에도 화살표대로 바늘을 넣어 한길긴뜨기를 뜬다.

4 3번째 단의 마지막 부분은 맨 처음 사슬의 3번째 코에 화살표대로 바늘을 넣어(a) 빼뜨기한다(b).

• 꽃잎a

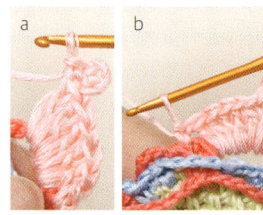

5 기초단을 3단 뜬 모습.

6 뜨개조직을 뒤집어 안쪽을 보면서 꽃잎a를 뜬다. 기초단 1번째 단의 지정 위치에 바늘을 넣어 (a) 짧은뜨기 1코를 뜨고 기초단의 사슬을 통째로 주워 올려 한길긴뜨기 5코, 사슬 3코를 뜬 다음 화살표대로 바늘을 넣어(b) 짧은뜨기를 뜬다.

7 사슬 3코 피코 짧은뜨기가 완성된 모습(a). 계속해서 한길긴뜨기 5코를 뜨고 짧은뜨기를 뜬다. 같은 방법으로 꽃잎a를 한 바퀴 뜬다.

8 꽃잎을 6장 뜬 다음 맨 처음 코에 빼뜨기해서 원형뜨기 한다.

• 꽃잎b

• 꽃잎c

9 뜨개조직을 뒤집은 상태로 기초코b의 지정 위치에 실을 걸어(a) 꽃잎 b를 뜬다(b). 오른쪽 아래 사진은 꽃잎b를 한 바퀴 뜬 모습.

10 뜨개조직을 겉면으로 뒤집고 꽃잎c 기초단의 지정 위치에 실을 걸어 꽃잎c를 뜬다.

11 꽃잎c를 한 장 뜬 모습.

12 꽃잎c를 뜨고 양쪽 어깨를 연결한 모습. 꽃잎 a, b, c를 각각 6장씩 뜬다.

49 ° PHOTO p.21 ° HOW TO MAKE p.72

허리에 두르는 술 장식 만드는 방법

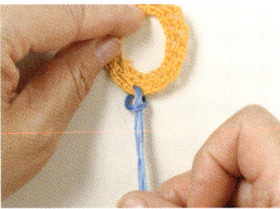
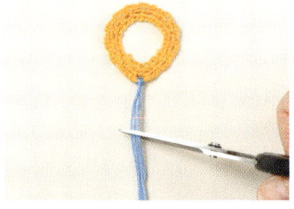

1 자수실을 반으로 접고 술을 달 위치에 바늘을 넣은 다음(a) 실을 당겨 빼다. 바늘에 실을 걸고 빼놓은 실 중간으로 화살표처럼 실을 빼낸다(b).

2 당겨 빼낸 실 끝을 손으로 당겨 고리를 조인다.

3 실 끝을 정해진 길이대로 자른다.

4 돗바늘 끝으로 실을 풀고 모양을 정리한다.

74

° PHOTO p.29　° HOW TO MAKE p.89

* 알기 쉽도록 실의 색과 굵기를 바꾸어 설명하고 있습니다.

시로무쿠 뜨는 방법

• 몸통(앞길, 뒷길) 뜨기　　• 칼라(깃) 달기

1 오른쪽 앞길, 뒷길, 왼쪽 앞길을 뜨고, 어깨 부분을 감침질한다(a). 가장자리를 긴뜨기로 한 바퀴 둘러 떠서 정리한다(b).

2 칼라를 뜨고 몸통과 칼라를 겉으로 보이게 둔다.

3 몸통과 칼라의 짧은뜨기의 기둥 부분을 한 코씩 건져 올려 꼼꼼히 바느질한다.

4 알기 쉽도록 느슨하게 바느질했지만 실제로는 실을 잡아당기면서 잇는다.

• 소매 뜨기

5 칼라(깃)를 연결한 모습.

6 소매는 사슬 8코를 만들고 계속해서 진동 부분 사슬의 남아 있는 반 코에 바늘을 넣어 짧은뜨기를 뜬다.

7 진동의 1번째 코에 짧은뜨기를 뜬 모습. 계속해서 뒤쪽 진동에 7코 짧은뜨기를 뜬다.

8 같은 방법으로 앞 진동에도 짧은뜨기 7코를 뜬다(a). b는 앞 진동에 짧은뜨기를 7코 뜬 모습.

• 입히는 방법

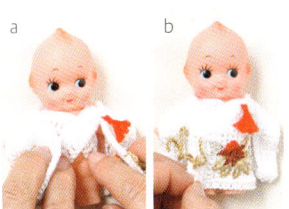

9 계속해서 사슬 8코를 뜨고 맨 처음 코에 빼뜨기를 해서 원형 뜨기 형태로 만든다.

10 도안을 참고하여 소매산 쪽에서 코를 줄이면서 왕복뜨기로 소매를 뜬다. 사진은 2단을 뜬 모습.

11 소매를 뜬 모습(a). 소매 아래쪽 6코를 감침질한다(b).

몸통에 붙은 칼라의 모양을 정리하면서 큐피의 몸에 맞춘다. 몸통 부분도 마찬가지로 큐피 몸에 맞춰 옷의 형태를 잡고 손으로 누르면서 리본을 묶는다.

1·2·3·4·5 외출하는 큐피

° PHOTO p.6, p.7   ° POINT LESSON 4·5 p.38

재료

[25번 자수실]

1 물색 계열 그러데이션실(22)…2.5타래, 베이지 계열(721)…1타래,
 파란색 계열(368)…0.5타래
2 흰색(800)·분홍색 계열(1121)…각 2타래
3 오렌지 계열(523)·갈색 계열(736)…각 2타래,
 크림색 계열(520)·오렌지 계열(755)…각 1타래
4 베이지 계열(731)…3타래, 갈색 계열(778)…2타래,
 갈색 계열(785)…1.5타래
5 파란색 계열(307)…2타래, 진녹색 계열(238)…1.5타래,
 진빨강 계열(192)…1타래,
 초록색 계열(2011)·흰색(800)…각 조금씩
1·2·3·4·5 공통재료 유자와야 10cm 큐피…각 1개,
 재봉실(흰색)…적당량

[그외의 재료]

1·2·3 지름 8mm 단추(흰색)…각 1개
1 지름 5mm 둥근 비즈(파란색)…13개, 지름 8mm 단추(갈색)…1개
2 9mm 폭의 새틴리본(분홍색)…16cm 1개
3 8mm 폭의 새틴리본(검은색)…21cm 1개
4·5 지름 7mm의 스냅단추…2세트
바늘 레이스 바늘 0호(1.75mm)

완성치수 도안 참조

1·3 원피스

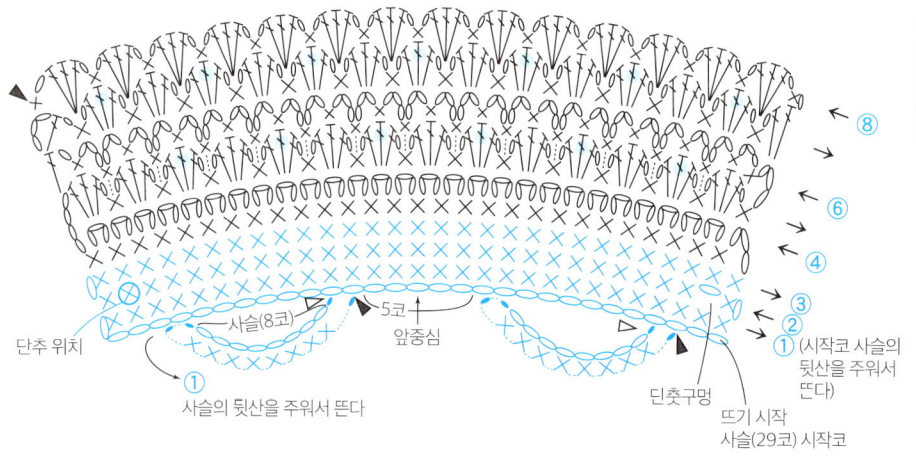

원피스 배색		
	1	3
	22	520
	22	523

1 헤어밴드  368

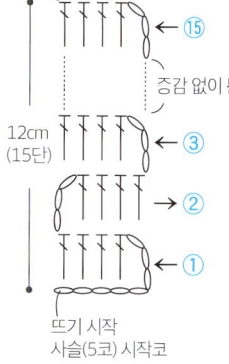

1·3 원피스 마무리하기

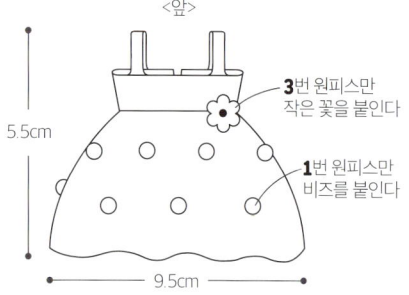

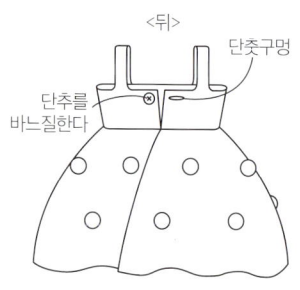

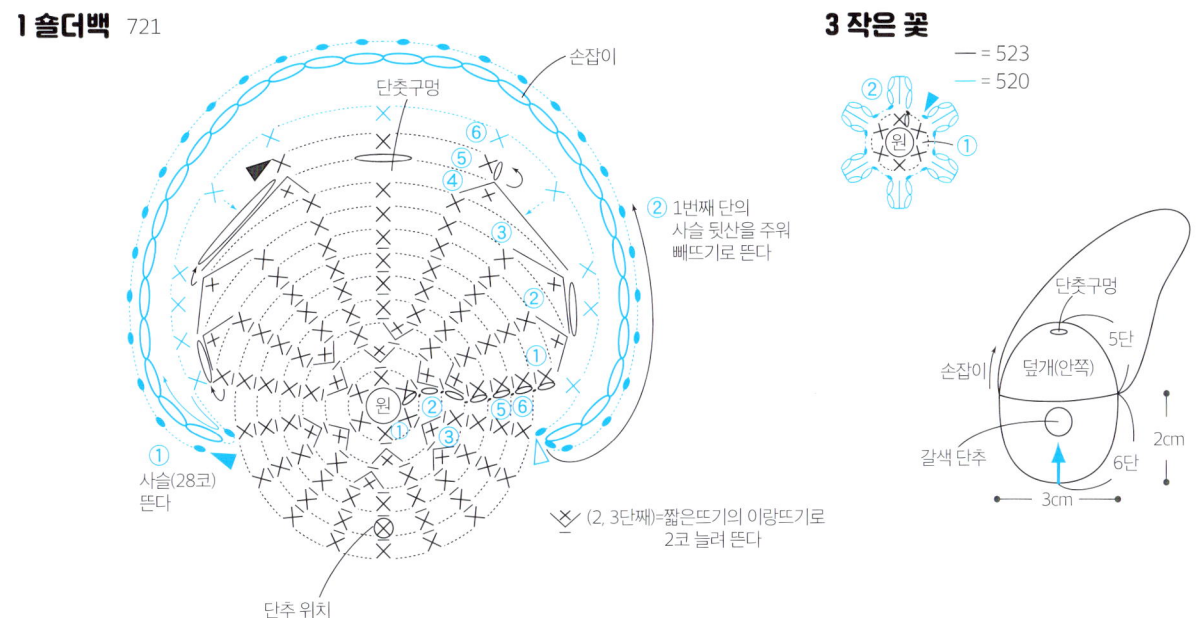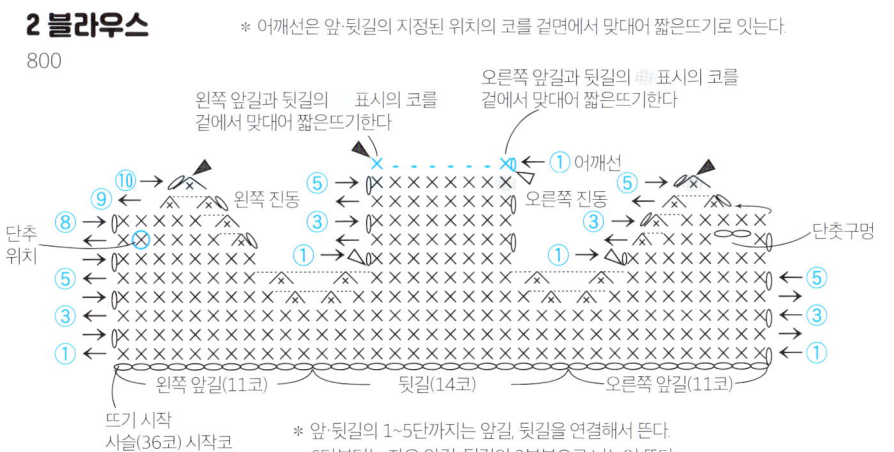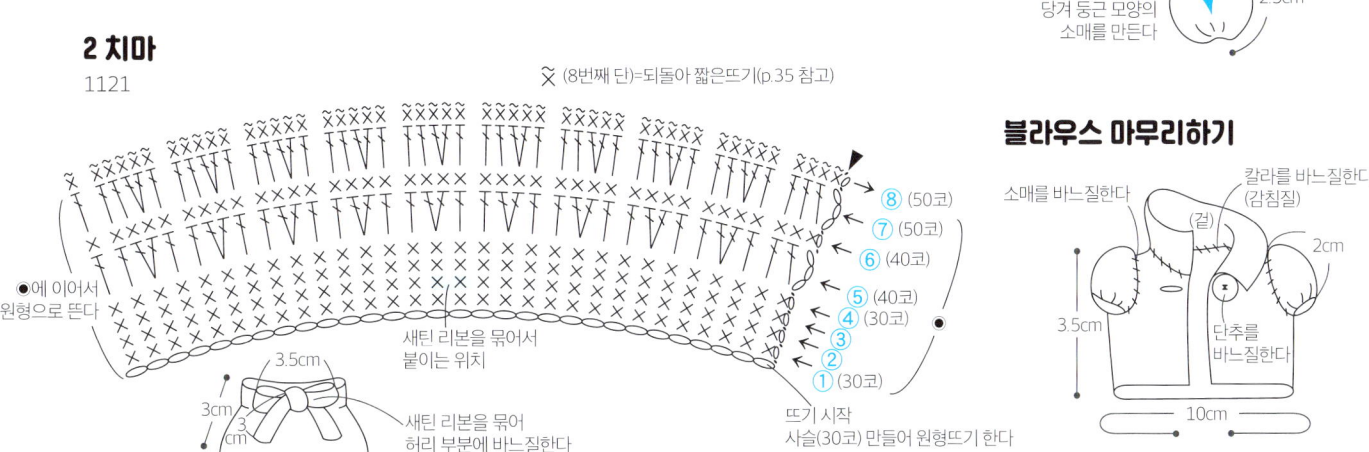

3 모자 736

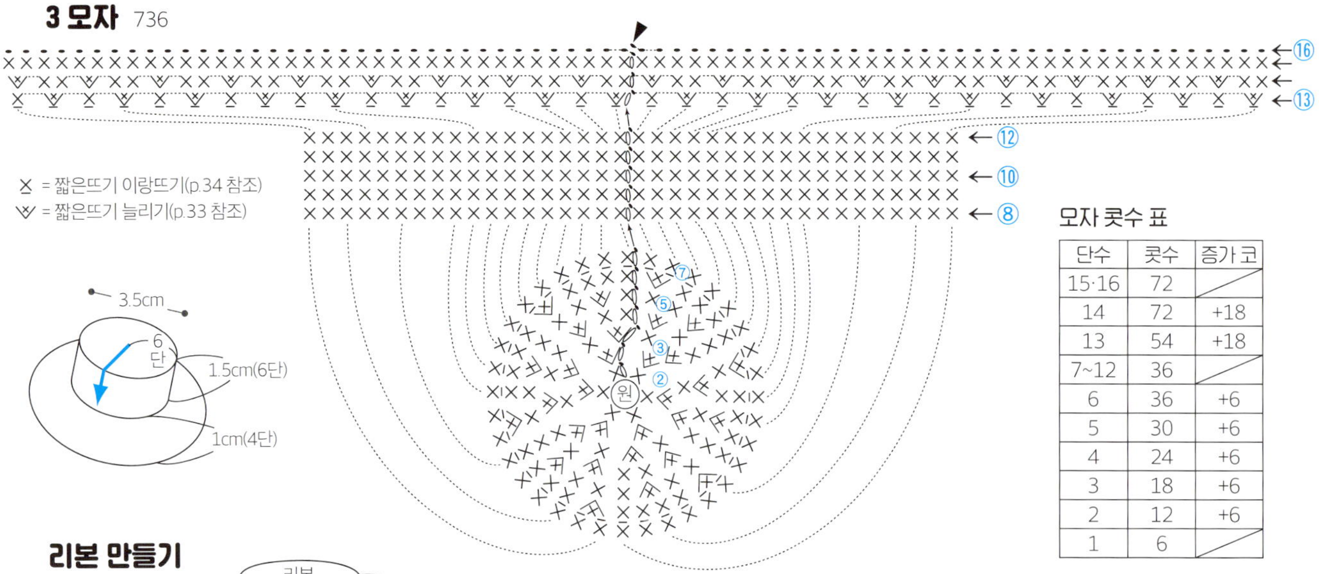

✕ = 짧은뜨기 이랑뜨기(p.34 참조)
ⱽ = 짧은뜨기 늘리기(p.33 참조)

모자 콧수 표

단수	콧수	증가 코
15·16	72	
14	72	+18
13	54	+18
7~12	36	
6	36	+6
5	30	+6
4	24	+6
3	18	+6
2	12	+6
1	6	

리본 만들기

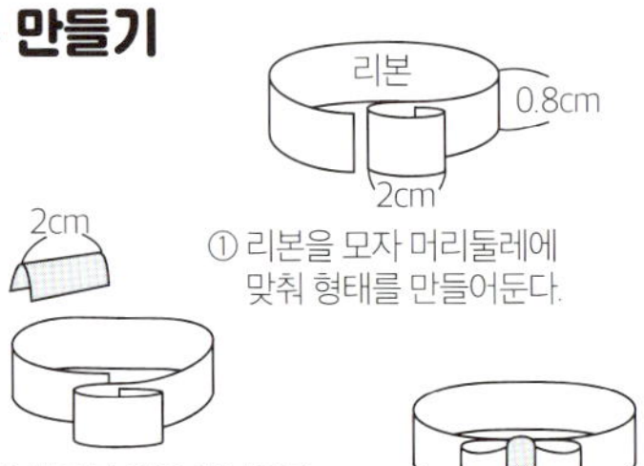

① 리본을 모자 머리둘레에 맞춰 형태를 만들어둔다.
② 반으로 접은 리본으로 리본 중앙을 감싸 뒤쪽에서 고정시킨다.
③ 완성

마무리하기

머리카락 755

① 17cm의 실 7가닥을 3세트 준비해서 세 가닥 땋기로 땋는다.
② 실로 감아 묶는다.

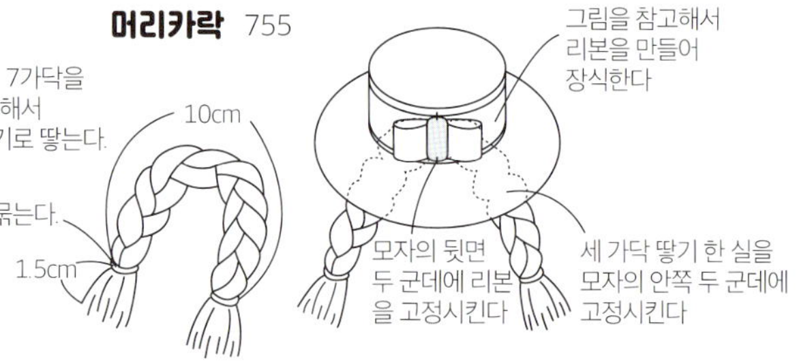

그림을 참고해서 리본을 만들어 장식한다.
모자의 뒷면 두 군데에 리본을 고정시킨다
세 가닥 땋기 한 실을 모자의 안쪽 두 군데에 고정시킨다

<세 가닥 땋기>

① 3줄의 실을 묶은 다음 오른쪽 실을 가운데 실과 교차시킨다.
② 왼쪽 실을 가운데 실과 교차시킨다.
③ 오른쪽 실을 가운데 실과 교차시킨다.
④ 2·3을 반복해서 균일한 모양으로 땋는다.

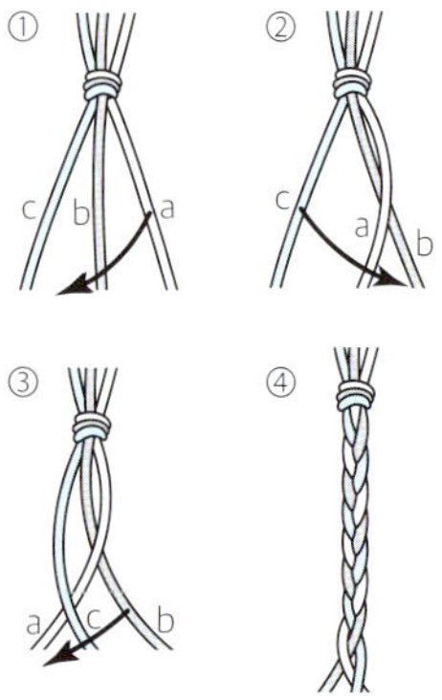

4 모자 778

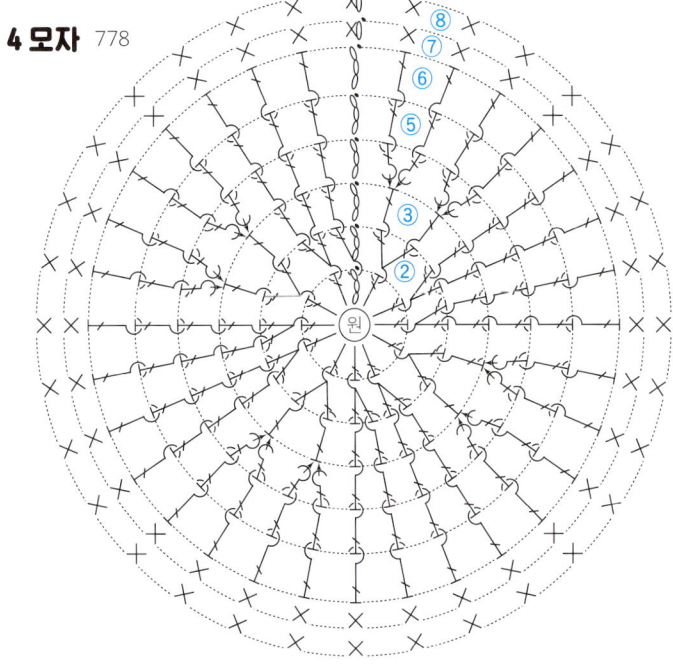

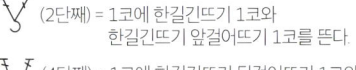
(2단째) = 1코에 한길긴뜨기 1코와 한길긴뜨기 앞걸어뜨기 1코를 뜬다.
(4단째) = 1코에 한길긴뜨기 뒤걸어뜨기 1코와 한길긴뜨기 앞걸어뜨기 1코를 뜬다.

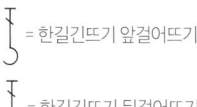
= 한길긴뜨기 앞걸어뜨기
= 한길긴뜨기 뒤걸어뜨기

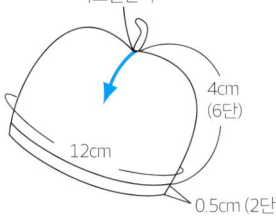
장식을 중심에 넣어서 바느질한다
12cm
4cm (6단)
0.5cm (2단)

장식 778

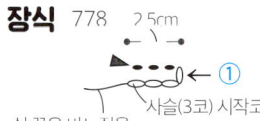
2.5cm
사슬(3코) 시작코
실 끝을 바느질용으로 남겨둔다.

모자 콧수 표

단수	콧수	증가 코
8	32	
7	32	
6	32	
5	32	
4	32	+8
3	24	
2	24	+12
1	12	

4·5 스웨터

4 = 731
5 = 307

<스웨터 뜨는 순서>
① 앞·뒷길을 1~5단까지 뜬다.
② 좌우 어깨선 부분(2코씩)을 각각 감침질한다.
③ **4**만 칼라를 1~3단까지 뜬다.
④ 진동 둘레에서 코를 주워 소매를 뜬다.

= 한길긴뜨기 앞걸어뜨기
= 한길긴뜨기 뒤걸어뜨기(p.33 참조)
•·◉ = 소매의 코 줍는 위치
◉ = 줍기 시작하는 코

소매 (2장)

4=좌·우 소매 731
5=왼쪽 소매 {1단째 307, 2단째 800}
오른쪽 소매 307

소매 진동에서 10코 주워서
원형뜨기 한다.
＊ 각 지정된 배색으로 뜬다.

<빼뜨기 스티치>

빼뜨기로 색을 바꾸어
한 단에 두 줄씩 라인을
만든다(p.39 참조).

5 머플러

— = 2011
— = 307
— = 192

4 스커트 785

＊ 배색실의 교체 방법은
p.38 참조

— = 785
— = 731
— = 778

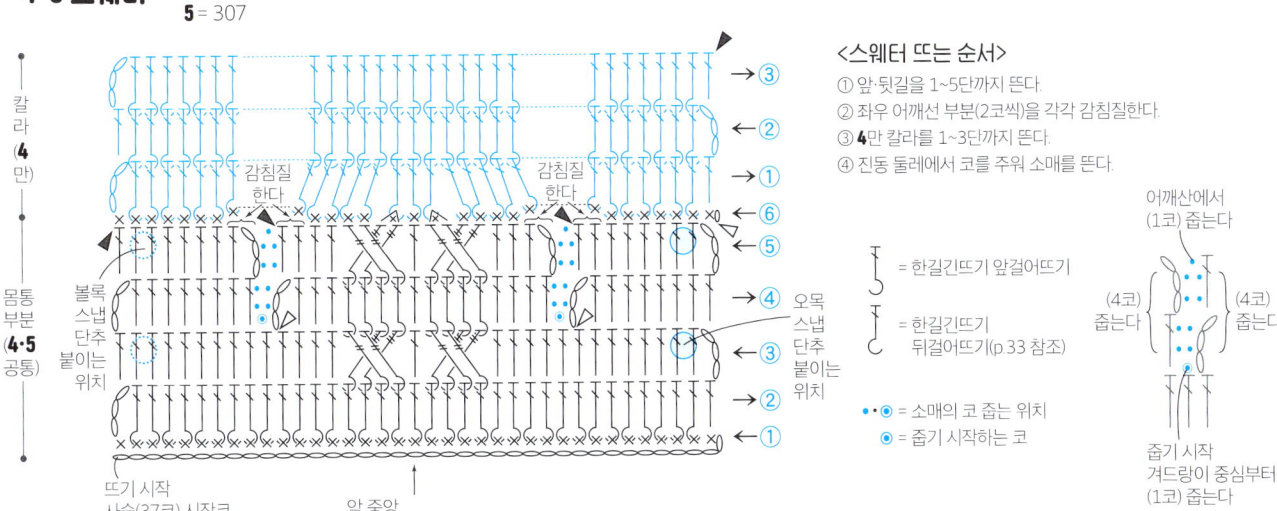

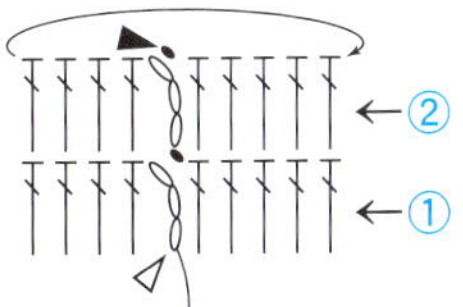

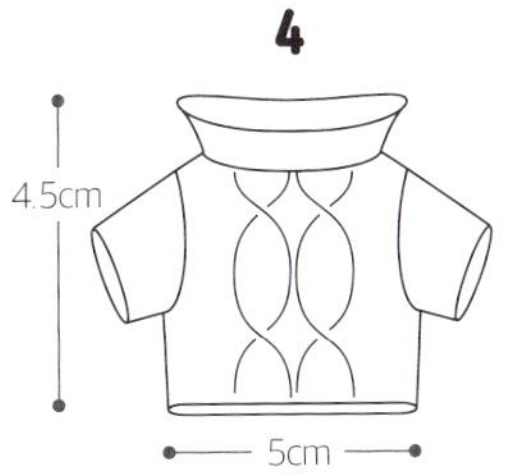

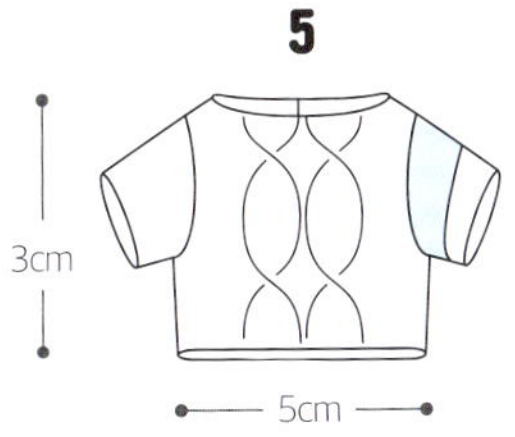

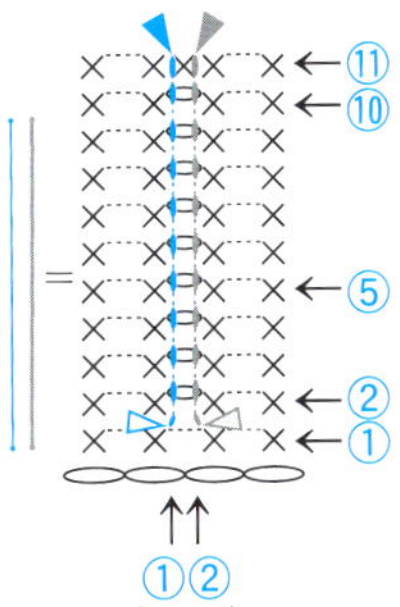

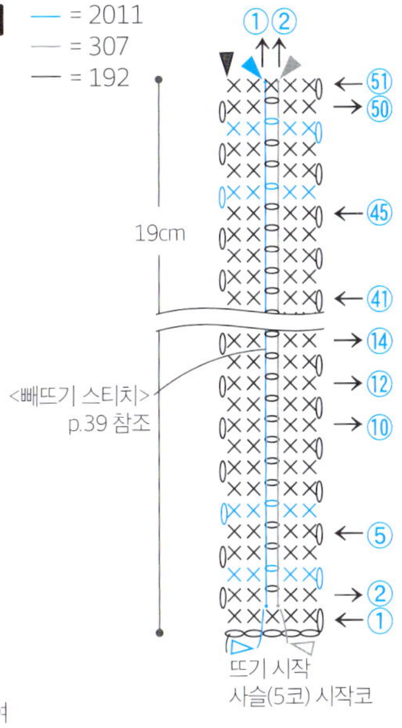

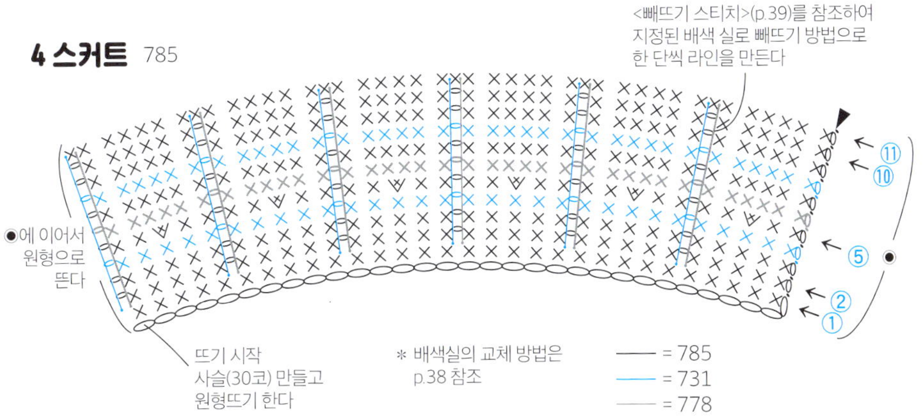

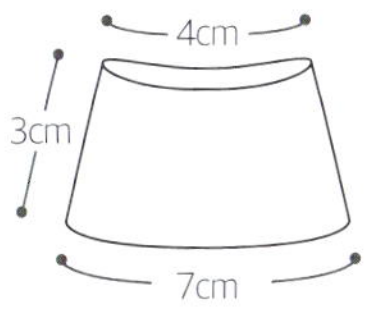

5 바지 238

<뜨는 방법과 순서>

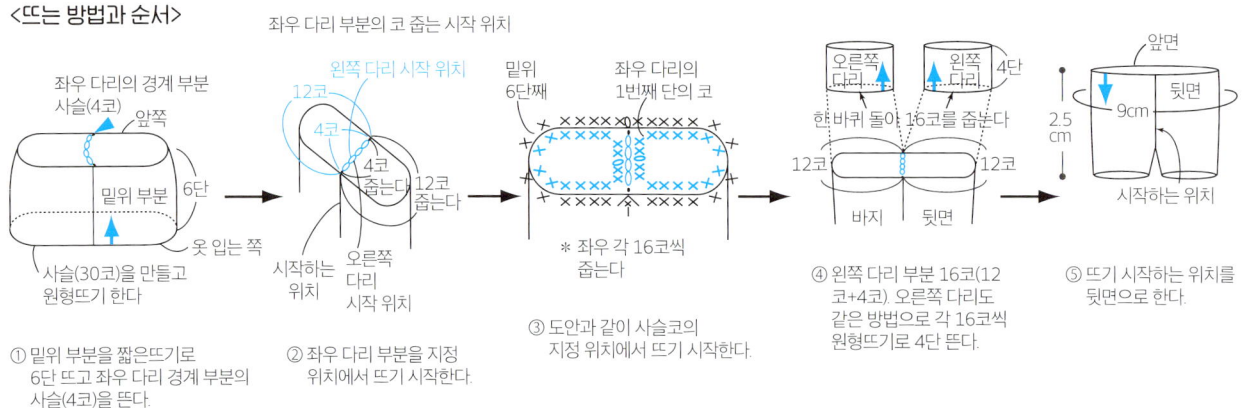

① 밑위 부분을 짧은뜨기로 6단 뜨고 좌우 다리 경계 부분의 사슬(4코)을 뜬다.

② 좌우 다리 부분을 지정 위치에서 뜨기 시작한다.

③ 도안과 같이 사슬코의 지정 위치에서 뜨기 시작한다.

④ 왼쪽 다리 부분 16코(12코+4코). 오른쪽 다리도 같은 방법으로 각 16코씩 원형뜨기로 4단 뜬다.

⑤ 뜨기 시작하는 위치를 뒷면으로 한다.

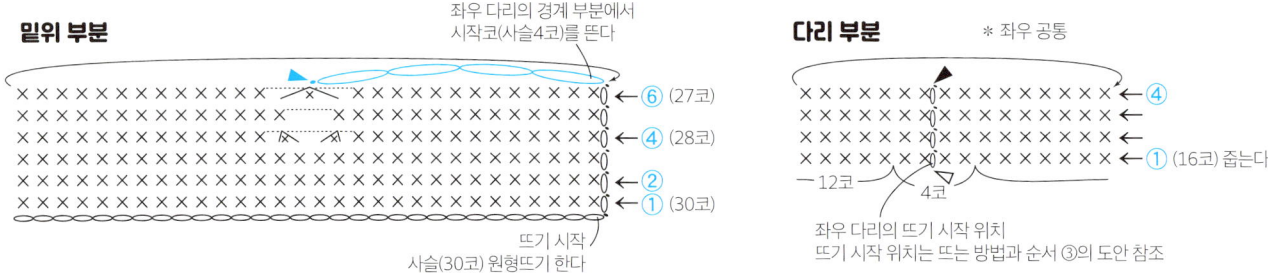

밑위 부분

다리 부분   * 좌우 공통

6·7·8·9·10·11 교복 입은 큐피

° PHOTO p.8, p.9　° POINT LESSON 7·8·10 p.39

재료
[25번 자수실]

- **6** 남색 계열(324)…2타래, 물색 계열(391)…1.5타래, 흰색(800)·노란색 계열(581)…각 0.5타래
- **7** 남색 계열(324)…2타래, 물색 계열(391)…1.5타래, 흰색(800)·노란색 계열(581)…각 0.5타래
- **8** 흰색(801)…3타래, 남색 계열(358)…2타래
- **9** 흰색(801)…3타래, 남색 계열(358)…2타래, 빨간색 계열(190)…0.5타래
- **10** 흰색(801)·남색 계열(358)…각 2타래
- **11** 남색 계열(358)…3타래, 흰색(801)…2타래, 빨간색 계열(190)…0.5타래
- **6·7·8·9·10·11 공통재료** 유자와야 10cm 큐피…각 1개, 지름 7mm짜리 스냅단추…각 1세트, 재봉실(흰색·검은색)…각 적당량

바늘 레이스 바늘 0호(1.75mm)

완성치수 도안 참조

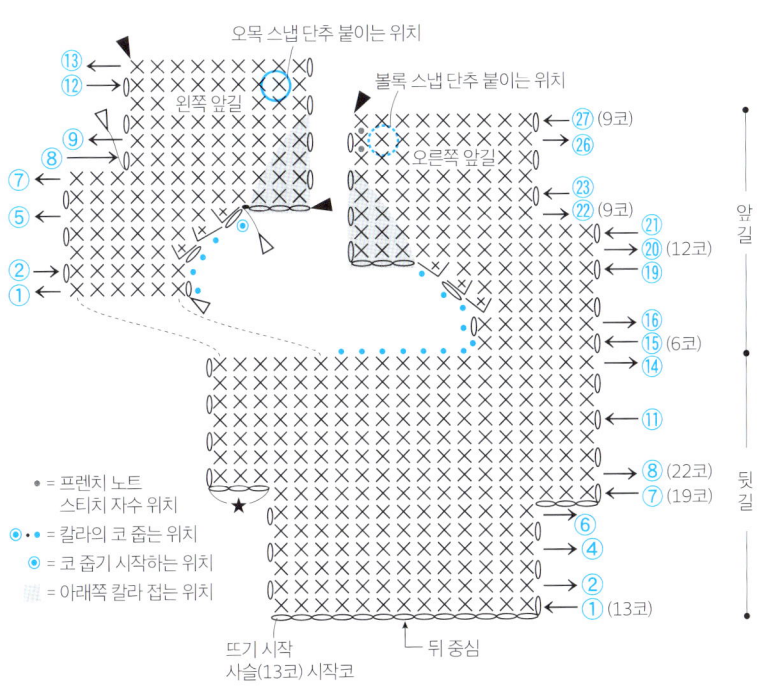

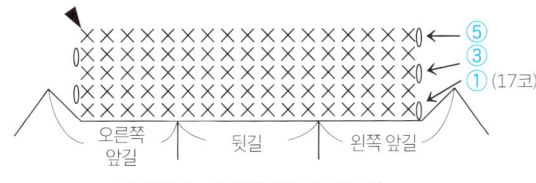

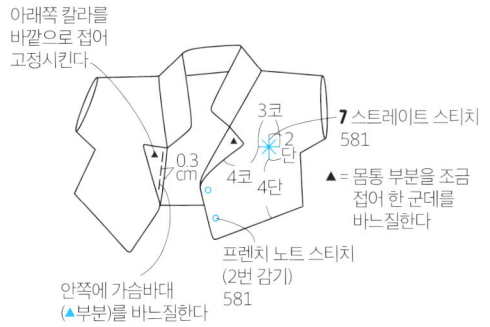

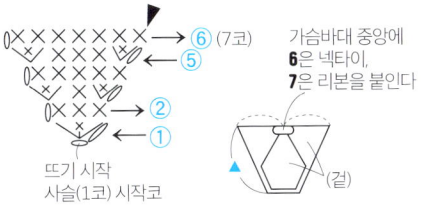

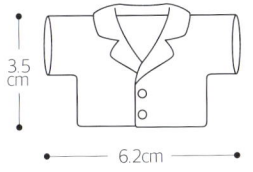

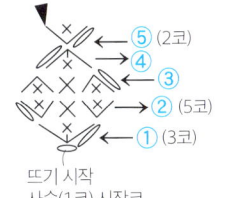

넥타이 배색표

	배색
7	391
8	358
10	801

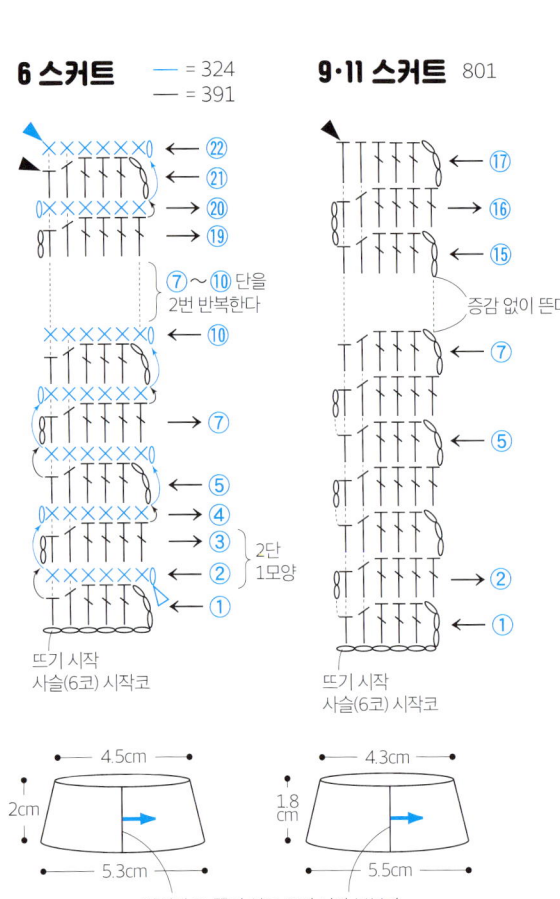
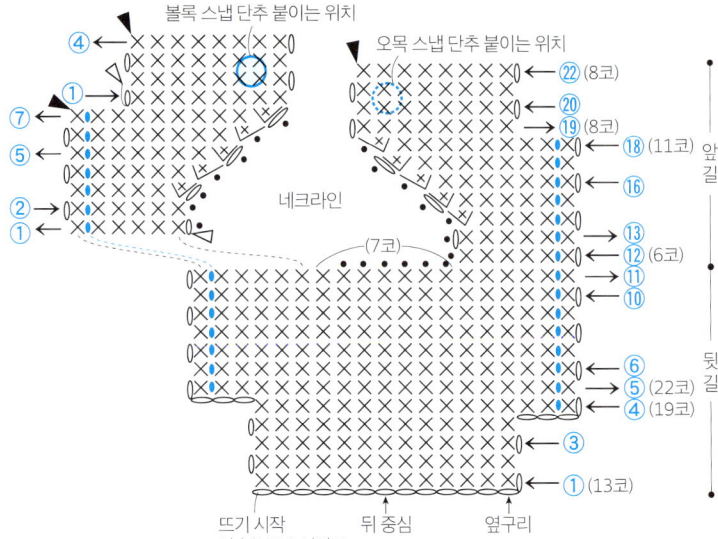
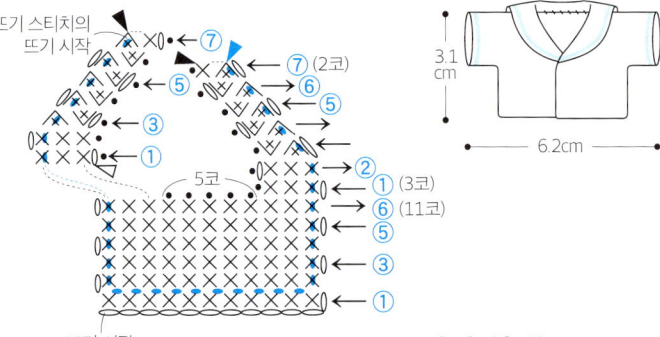

6·7·9·11 모자 콧수 표

단수	콧수	증가 코
16	48	
15	48	+6
14	42	+6
9~13	36	
8	36	+6
6·7	30	
5	30	+6
4	24	+6
3	18	+6
2	12	+6
1	6	

6·7·9·11 모자 배색 표

	6·7	9	11
—	324	801	358
	324	190	190
●	391		

8·10 모자

8 358
10 801

● = 빼뜨기 스티치(p.39 참조)

8·10 모자 배색 표

	8	10
—	801	358
●	358	801

8·10 모자 콧수 표

단수	콧수	증감 코
13	36	
12	36	-6
8~11	42	
7	42	+6
6	36	+6
5	30	+6
4	24	+6
3	18	+6
2	12	+6
1	6	

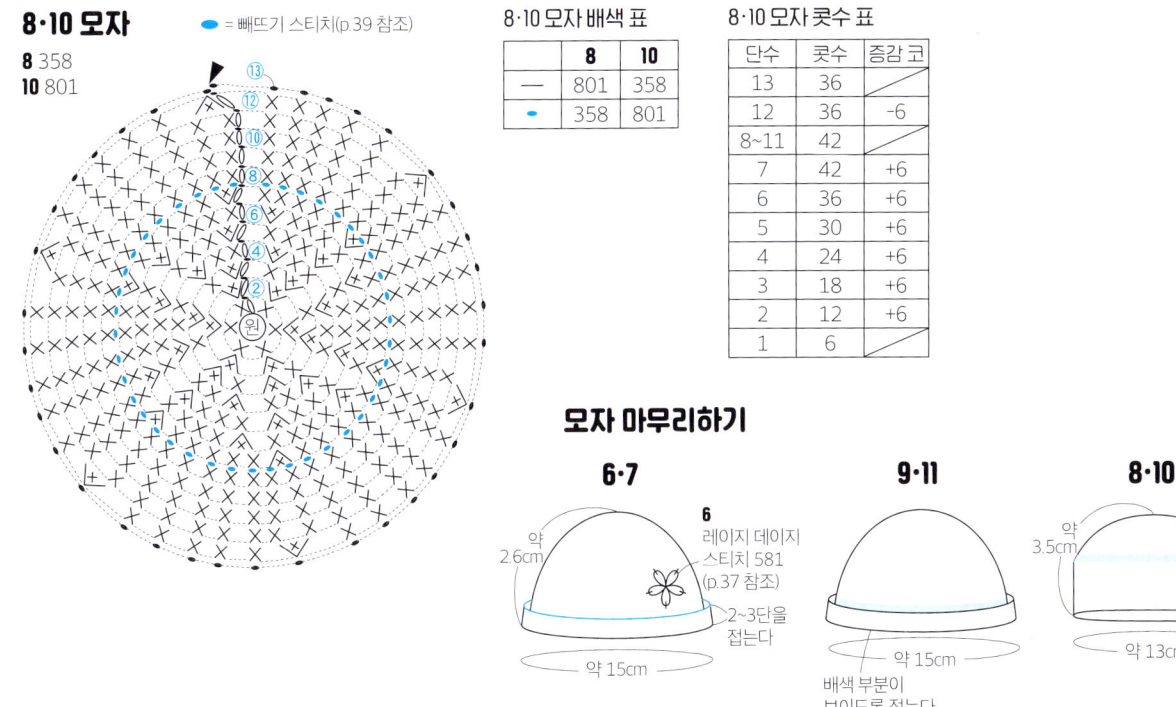

모자 마무리하기

6·7 — 약 2.6cm, 약 15cm, 6 레이지 데이지 스티치 581 (p.37 참조), 2~3단을 접는다

9·11 — 약 15cm, 배색 부분이 보이도록 접는다

8·10 — 약 3.5cm, 약 13cm

7·8·10 바지 다리 부분 (2장)

뜨기 시작
사슬(15코) 시작코, 원형으로 뜬다

약 4.3 cm
약 2.6 cm

바지 배색 표

	배색
7	391
8	358
10	801

7·8·10 바지 밑위 부분
밑위 부분 뜨는 방법은 p.39 참조

② (24코)

다리 부분 3단째

* 밑위 부분을 뜨고, ← 위치를 감침질한다(p.39 참조).

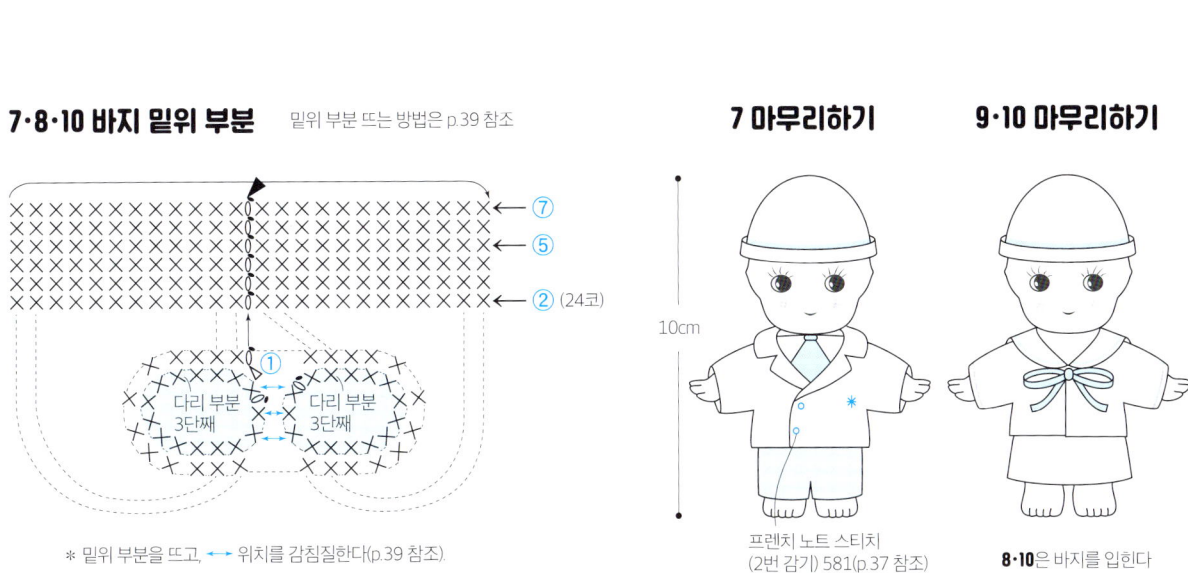

7 마무리하기

10cm

프렌치 노트 스티치 (2번 감기) 581(p.37 참조)
* **6**은 치마를 입힌다

9·10 마무리하기

8·10은 바지를 입힌다

12·13·14·15·16·17 동물 큐피

° PHOTO p.10, p.11

재료
[25번 자수실]

- **12** 갈색 계열(737)…2타래, 베이지색 계열(734)…0.5타래, 갈색 계열(739)…약간
- **13** 황토색 계열(712)·갈색 계열(714)…각 1타래, 미색 계열(850)…0.5타래, 검은색(900)…약간
- **14** 미색 계열(850)·검은색(900)…각 1타래
- **15** 미색 계열(850)…2타래, 회색 계열(412)…0.5타래, 분홍색 계열(142)·검은색(900)…각 약간
- **16** 연갈색 계열(561)·황토색 계열(514)…각 1타래, 겨자색 계열(583)…0.5타래, 갈색 계열(738)·검은색(900)…각 약간
- **17** 분홍색 계열(1118)…2타래, 연갈색 계열(722)…약간
- **12·13·14·15·16·17 공통재료** 유자와야 5cm 큐피…각 1개, 지름 2.5mm의 비즈(검은색)…각 2개, 재봉실(검은색)…적당량

바늘 레이스 바늘 0호(1.75mm)

완성치수 도안 참조

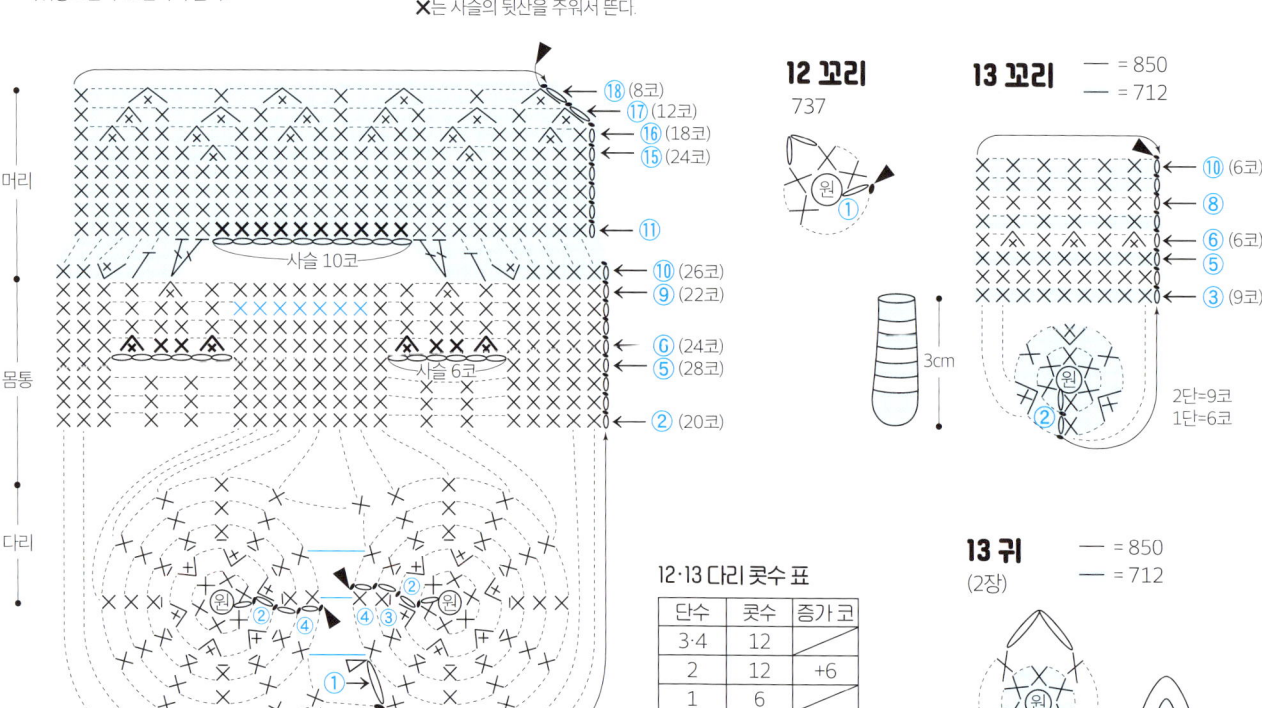

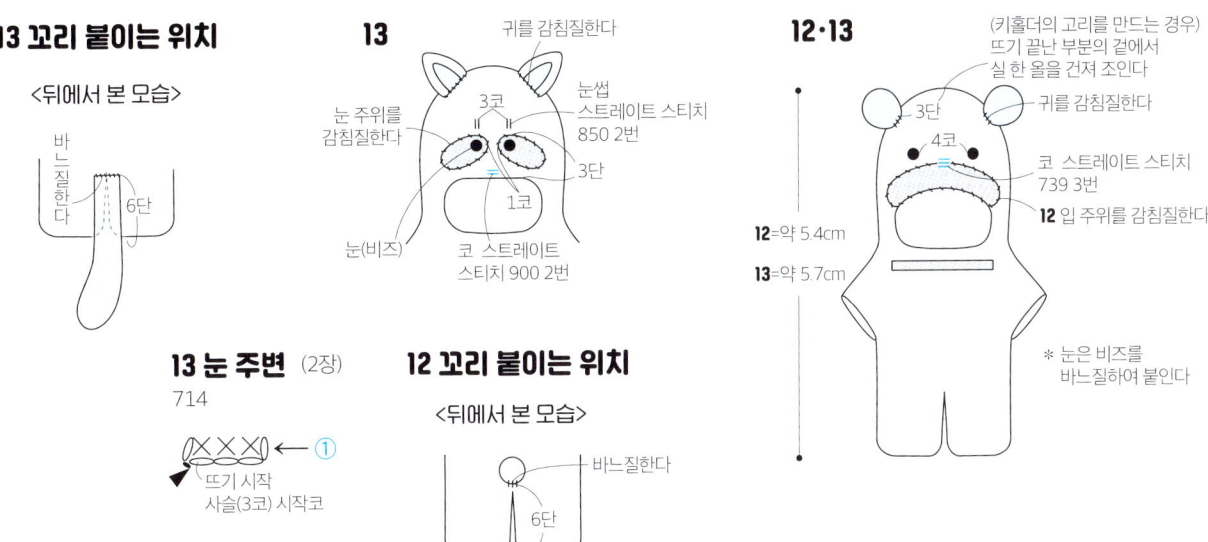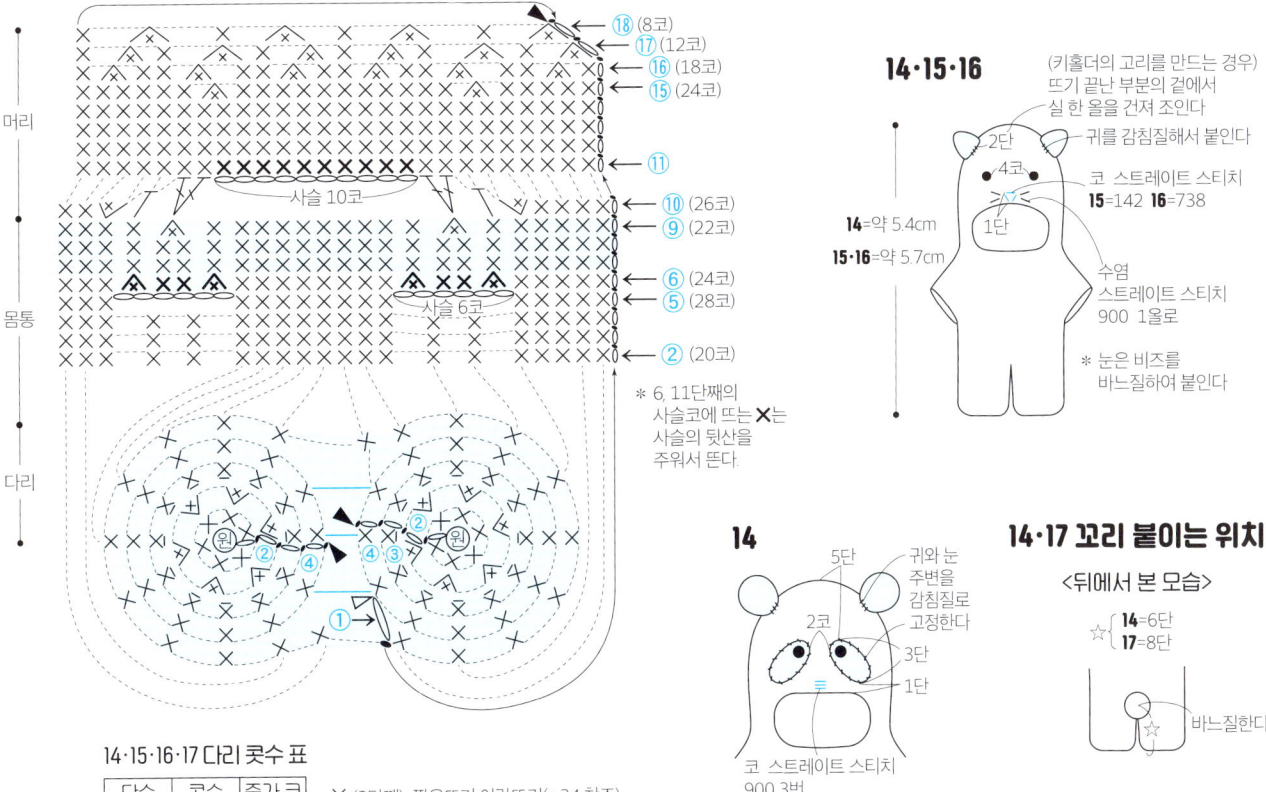

17 꼬리
1118

17 귀 (2장)
1118

뜨기 시작
사슬(5코) 시작코

15·16 귀 (2장)   15=412
                    16=583

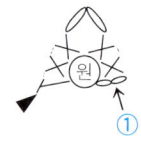

15·16 꼬리   15=412
                16=583

뜨기 시작
사슬(20코) 시작코

15·16·17 본체

<뜨는 방법과 순서>
1. 다리를 4단까지 2장 뜨고 3코씩 감침질한다.
2. 다리 2장에서 20코를 주워 몸통의 1단을 뜬다.
3. 5단째에서 팔 부분, 10단째에서 얼굴 부분을 비워놓으면서 18단까지 뜬다.

본체 배색표

	15	16	17
—		583	
—	850	514	1118
—		561	

꼬리 붙이는 위치
<뒤에서 본 모습>

15·16
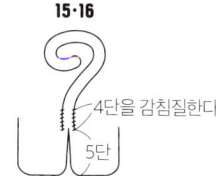
4단을 감침질한다
5단

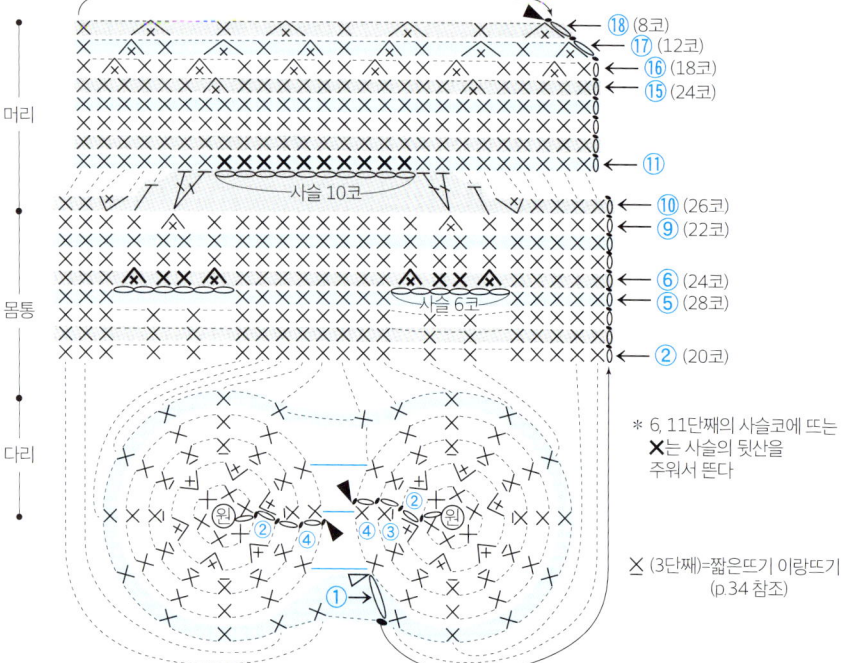

머리
몸통
다리

⑱ (8코)
⑰ (12코)
⑯ (18코)
⑮ (24코)
⑪
⑩ (26코)
⑨ (22코)
사슬 10코
⑥ (24코)
⑤ (28코)
사슬 6코
② (20코)

* 6, 11단째의 사슬코에 뜨는 ×는 사슬의 뒷산을 주워서 뜬다

× (3단째)=짧은뜨기 이랑뜨기
(p.34 참조)

17
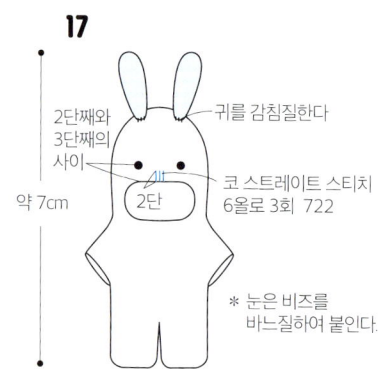

약 7cm

2단째와 3단째의 사이
2단
귀를 감침질한다
코 스트레이트 스티치 6올로 3회 722

* 눈은 비즈를 바느질하여 붙인다.

18·19·20·21·22·23·24 수족관 큐피

° PHOTO p.12, p.13

재료

[25번 자수실]

18 검은색(900)…2.5타래, 흰색(801)…1타래
19 파란색 계열(371A)…2.5타래, 흰색(801)…1타래,
   검은색(900)…약간
20 흰색(800)…2타래, 회색 계열(485)…0.5타래
21 분홍색 계열(100)…1.5타래, 진분홍색 계열(105)…0.5타래,
   빨간색 계열(700)…약간
22 물색 계열(383)…1.5타래, 물색 계열(384)…0.5타래,
   빨간색 계열(700)…약간
23 붉은색 계열(701)…2타래
24 회색 계열(411)·검은색(900)…각 1타래,
   흰색(801)·노란색 계열(543)…각 0.5타래
18·19·20·21·22·23·24 공통재료 일본 아미구루미협회 눈 부품(끼워 넣는 타입) 3mm(검은색)…각 2개
18·19·20 공통재료 유자와야 5cm 기어가는 모습의 큐피…각 1개
21·22·23·24 공통재료 유자와야 5cm 큐피…각 1개

[그 외의 재료]

20 일본 아미구루미협회 코 부품(끼워 넣는 타입) 4.5mm(검은색)…1개
바늘 코바늘 2/0호(2.0mm)

완성치수 도안 참조

18·19·20 본체

본체 배색 표

	18	19	20
—	900	371A	800
—	801	801	800

18·19 입
18=900
19=371A

입 콧수 표

단수	콧수	증가 코
3·4	9	
2	9	+3
1	6	

19 반으로 접는다 / 기둥코 위치 / 1.2cm / 안쪽으로 실(900)을 넣어 접힌 부분에 실을 수놓는다

•·◉ = 가슴지느러미 줍는 위치
◉ = 줍기 시작하는 코

1~6단 콧수 표

단수	콧수	증가 코
6	28	
5	28	+7
4	21	
3	21	+7
2	14	+7
1	7	

18·19·20 가슴지느러미

18=900 19=371A 20=800

11코에 실을 통과시켜 조인다

본체의 ◉에 실을 걸어
•·◉를 주워 뜨기 시작한다

* 11단째의 짧은뜨기 ×는 10단째의 사슬 뒷산을 주워서 뜬다.
   × 는 사슬을 통째로 주워 뜬다.
* 14단째의 사슬에 뜨는 ×는 13단째 사슬을 통째로 주워서 뜬다.

18·19 등지느러미 18=900 19=371A

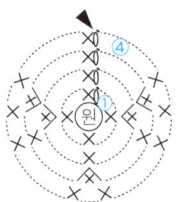

등지느러미 콧수 표

단수	콧수	증가 코
4	9	
3	9	+3
2	6	+2
1	4	

반으로 접는다
1.2cm
1.2cm

18 볼 801
(2장)

마무리 실 용도로 5cm 정도 남겨둔다
사슬 2코
마무리 실 용도로 5cm 정도 남겨둔다

18
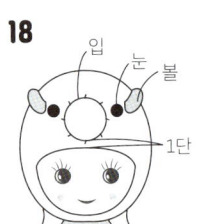

19
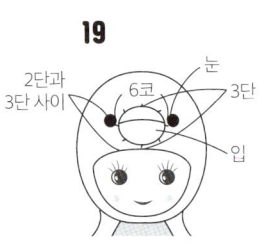

20
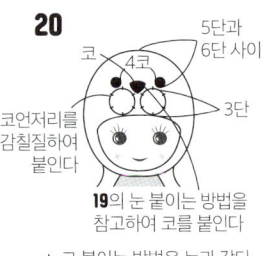

20 코언저리
(2장) 485

19의 눈 붙이는 방법을 참고하여 코를 붙인다
* 코 붙이는 방법은 눈과 같다.

18 <옆에서 본 그림>
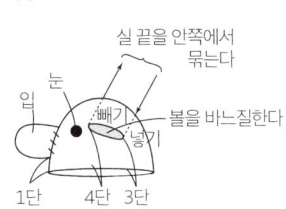

19
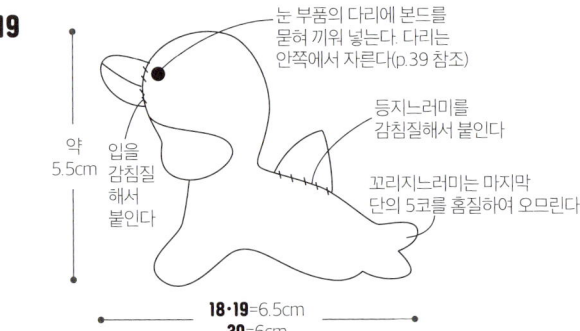

약 5.5cm
18·19=6.5cm
20=6cm

21·22·23 본체

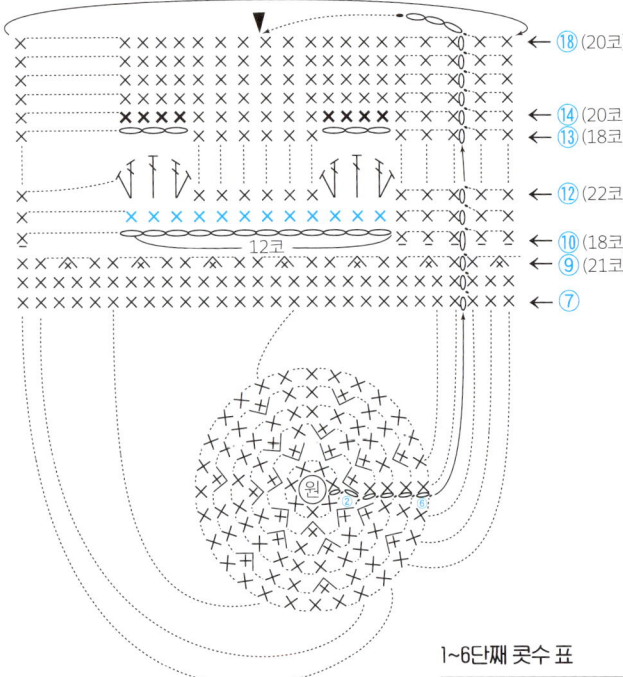

1~6단째 콧수 표

단수	콧수	증가 코
6	28	
5	28	+7
4	21	
3	21	+7
2	14	+7
1	7	

<뜨는 방법 포인트>
* 10단째의 ×는 9단째 짧은뜨기 사슬의 앞쪽 고리만 건져 올려 이랑뜨기한다.
* 11단째의 ×는 10단째의 사슬 뒷산을 주워시 뜬다.
* 14단째의 ×는 13단째의 사슬을 통째로 주워서 뜬다.

21·22·23 다리

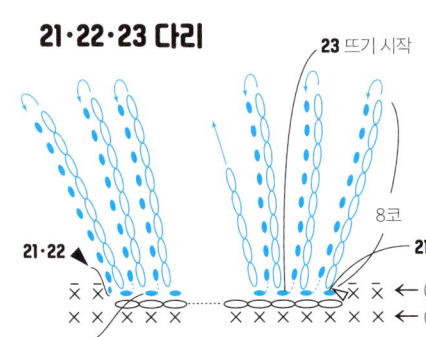

다리 배색과 개수

	배색	개수
21	105	12
22	384	12
23	701	8

* 본체를 뜨고 난 뒤 머리를 위쪽으로 향하게 잡고, 다리를 떠서 붙이는 위치(몸통의 10단째의 남아 있는 사슬을 줍는다)에 다리 21·22는 12개, 23은 8개 뜬다. 뜨고 난 후 다리를 몸통 방향으로 늘어뜨린다.

23 입 701

2단=8코
1단=8코
* 2단째는 짧은뜨기 이랑뜨기(p.34 참조)

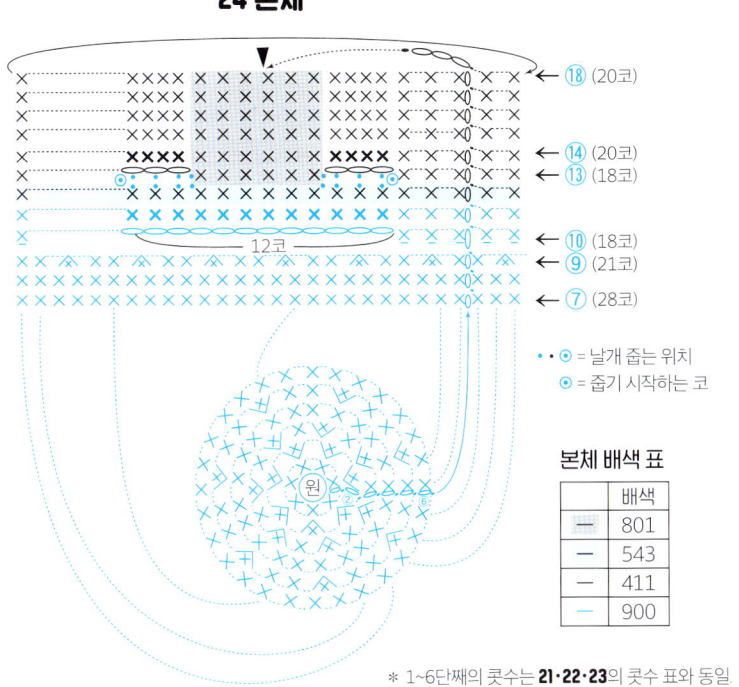

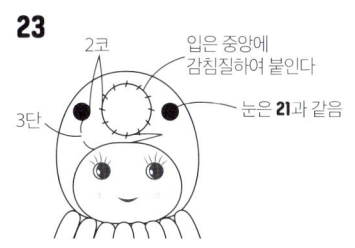
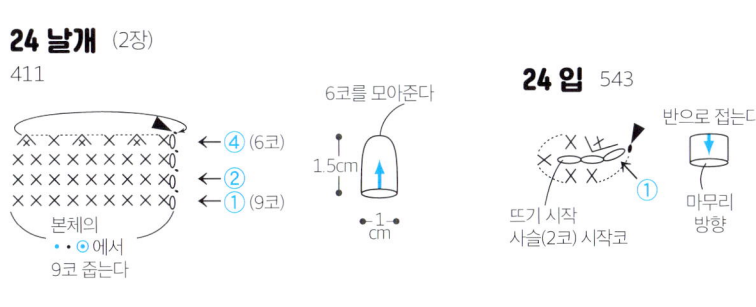
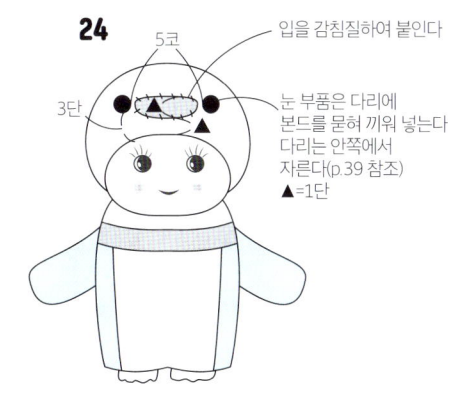

25·28·29·30·32 과일과 야채 큐피

° PHOTO p.14, p.15

재료

[25번 자수실]

- **25** 황록색 계열(228)…2타래, 미색 계열(850)…1타래
- **28** 오렌지색 계열(524)…2타래, 초록색 계열(233)…0.5타래
- **29** 황록색 계열(229)…2타래,
  초록색 계열(233)·갈색 계열(737)…각 0.5타래
- **30** 빨간색 계열(190)…2타래,
  초록색 계열(233)·갈색 계열(737)…각 0.5타래
- **32** 오렌지색 계열(1052)…2타래, 초록색 계열(265)…0.5타래
- **25·28·29·30·32 공통재료** 유자와야 5cm 큐피…각 1개
- **바늘** 코바늘 3/0호(2.25mm)

완성치수 도안 참조

25·28·29·30·32 본체

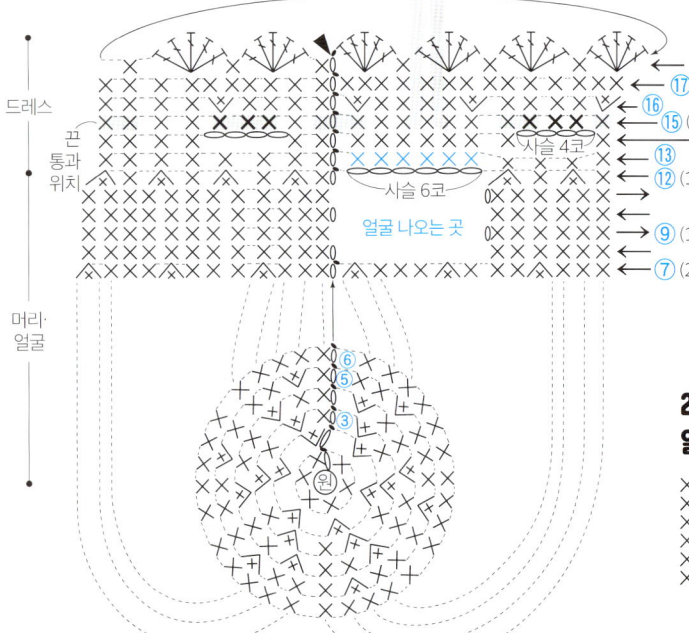

본체 1~6단 콧수 표

단수	콧수	증가 코
6	30	
5	30	+6
4	24	+6
3	18	+6
2	12	+6
1	6	

본체 배색 표

	1단째	2~18단째
25	228	
28	233	524
29	229	
30	190	
32	1052	

〈뜨는 방법 포인트〉

- 13단째의 ✕는 사슬의 뒷고리와 뒷산을 주워서 뜬다.
- 15단째의 ✕는 사슬을 통째로 주워서 뜬다.

25·28·29·30·32 얼굴 나오는 곳

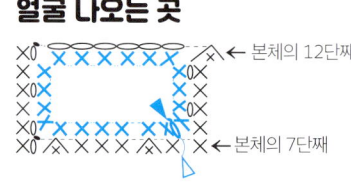

25 멜론 꼭지 850

28·29·30 잎 233

붙이는 위치 뜨기 시작 사슬(5코) 시작코

29·30 줄기 737

붙이는 위치 뜨기 시작 사슬(4코) 시작코

32 꼭지 265

25·28·29·30·32 끈

본체와 같은 색의 실 50cm 3가닥을 세 가닥 땋기(p.46 참조) 하여 드레스의 끈 통과 위치에 통과시키고 끝부분을 한 번 묶은 후 자른다.

25

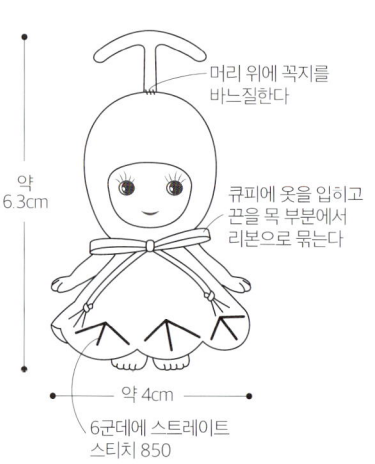

약 6.3cm
약 4cm
머리 위에 꼭지를 바느질한다
큐피에 옷을 입히고 끈을 목 부분에서 리본으로 묶는다
6군데에 스트레이트 스티치 850
*자수 방법은 p.37 참조

29·30

잎
꼭지 } 를 바느질한다

*28은 잎만 바느질한다

32 〈위에서 본 그림〉

머리 위에 꼭지를 올려 5군데 고정한다

26·27·31 과일과 야채 큐피

° PHOTO p.14, p.15

재료

[25번 자수실]

26 노란색 계열(544)···2타래, 적갈색 계열(796)···0.5타래

27 보라색 계열(602)···2타래, 보라색 계열(605)···0.5타래

31 노란색 계열(542)···2.5타래, 황록색 계열(2020)···1타래,
크림색 계열(520)···0.5타래

26·27·31 공통재료 유자와야 5cm 기어가는 모습의 큐피···각 1개

바늘 코바늘 2/0호(2.0mm)

완성치수 도안 참조

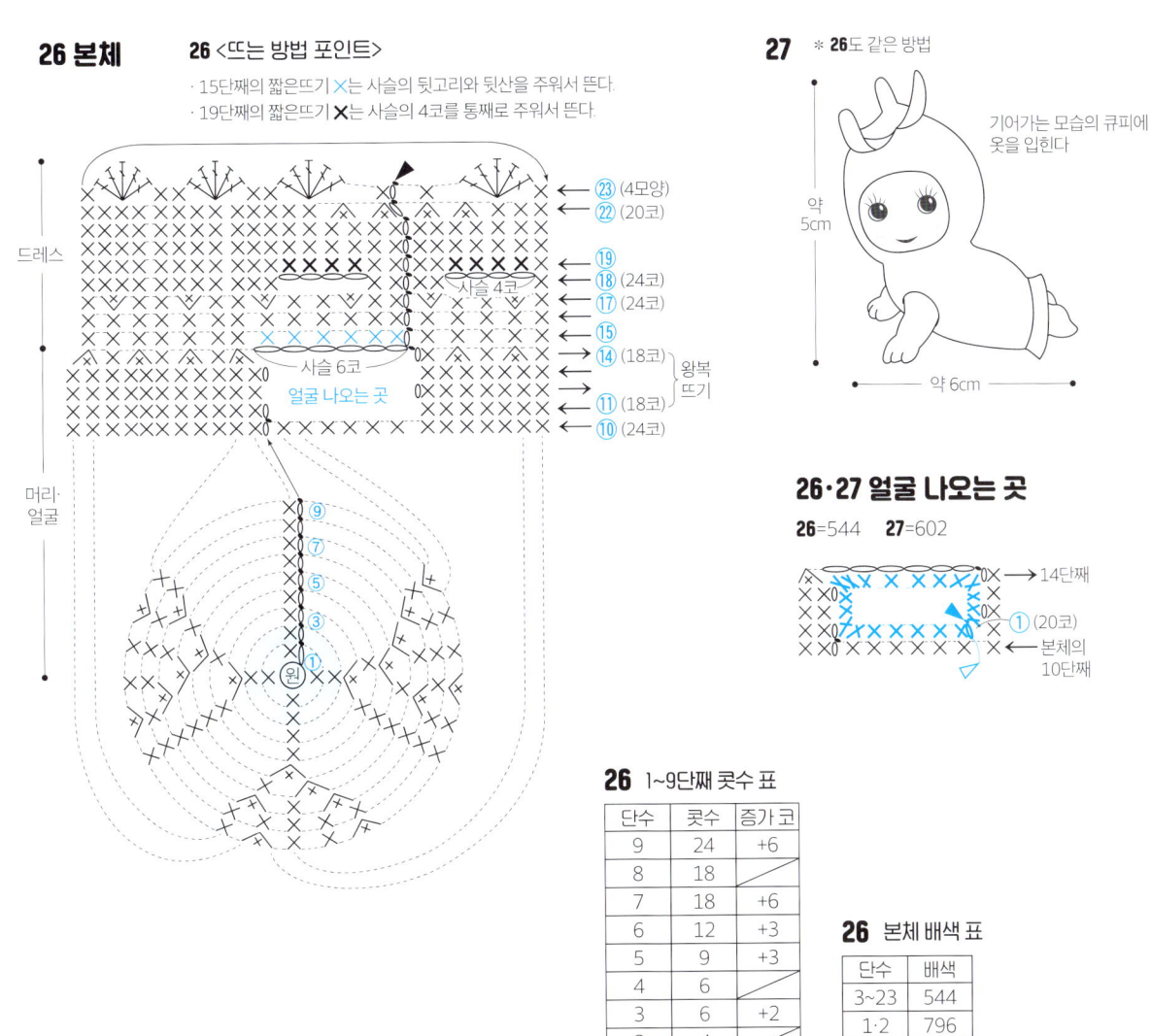

26 1~9단째 콧수 표

단수	콧수	증가 코
9	24	+6
8	18	
7	18	+6
6	12	+3
5	9	+3
4	6	
3	6	+2
2	4	
1	4	

26 본체 배색 표

단수	배색
3~23	544
1·2	796

27 본체   (25단째)=꼬아 짧은뜨기(p.35 참조)

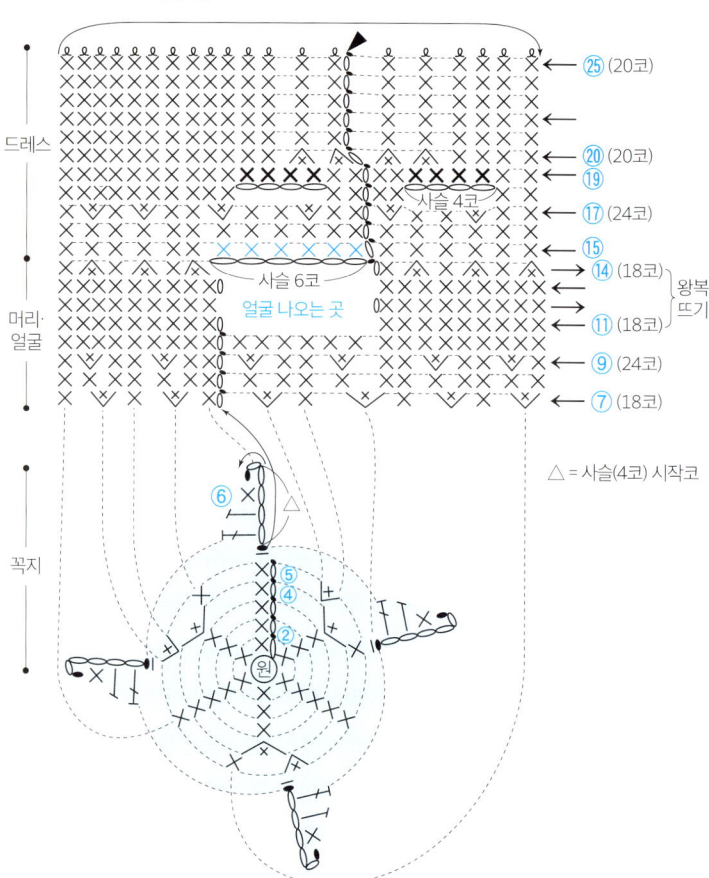

27 <뜨는 방법 포인트>
- 6단째의 ●는 5단째의 ×의 사슬 뒷고리를 줍는다.
- 7단째는 5단째의 ×의 남아 있는 반 코와 뜨지 않은 짧은뜨기에서 코를 주워 18코를 뜬다.
- 15단째와 19단째의 뜨는 방법은 **26**과 같다.

27 배색 표

단수	배색
7~25	602
1~7	605

27 1~6단째 콧수 표

단수	콧수	증가 코
6	4모양	
5	12	+3
4	9	+3
2·3	6	
1	6	

31 얼굴 나오는 곳   542

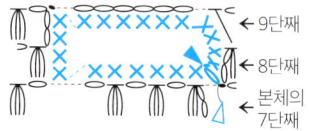

31

약 6.5cm × 약 6.5cm

2cm — 뜨기 시작하는 실을 겉으로 꺼내 꼬임을 풀어준다

31 본체   542

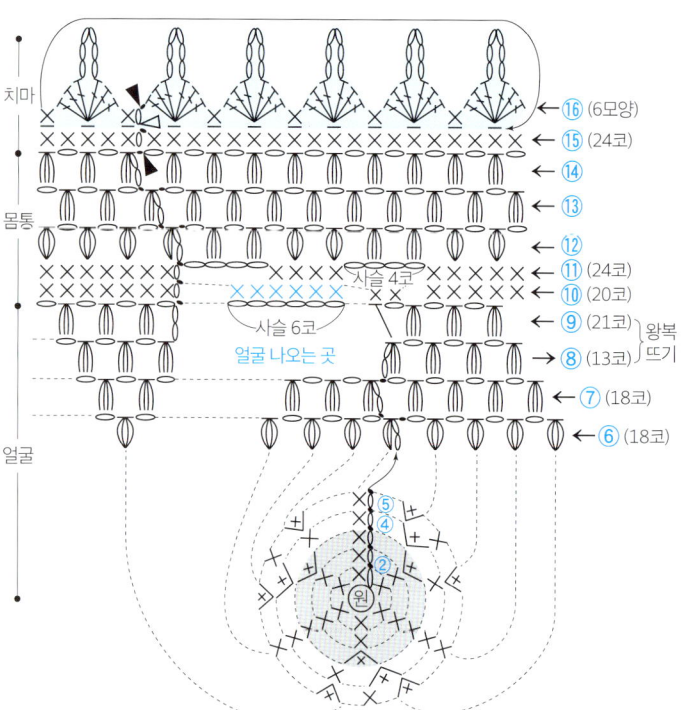

31 <뜨는 방법 포인트>
- 뜨기 시작하는 실(520)은 옥수수수염용으로 2cm 정도 남기고 겉으로 꺼내어 꼬임을 풀어준다.
- 10단째의 짧은뜨기 ×는 사슬의 반 코와 뒷산을 주워서 뜬다.
- ⫴ = 긴뜨기 4코 구슬뜨기는 사슬코를 통째로 주워서 뜬다.
- 16단째는 15단째 사슬의 앞고리를 주워서 이랑뜨기를 한다.

1~5단의 콧수 표

단수	콧수	증가 코
5	18	+6
4	12	+3
3	9	+3
2	6	
1	6	

31 배색 표

단수	배색
16	2020
4~15	542
1~3	520

33·34·35·36 디저트 큐피

° PHOTO p.16   ° POINT LESSON 35 p.40

재료
[25번 자수실]

- **33** 분홍색 계열(154)…1.5타래,
  분홍색 계열(156)·흰색(800)·갈색 계열(736)…각 1타래,
  황록색 계열(2020)…0.5타래
- **34** 옅은 오렌지색 계열(180)·오렌지색 계열(184)·흰색(800)·갈색 계열(736)…각 1타래,
  빨간색 계열(1053)·초록색 계열(233)…각 0.5타래
- **35** 분홍색 계열(1041)…2타래, 흰색(800)…1타래,
  빨간색 계열(188)·초록색 계열(232)…각 0.5타래
- **36** 갈색 계열(737)…2타래, 흰색(800)…1타래,
  빨간색 계열(1053)·초록색 계열(233)…각 0.5타래
- **33·34·35·36 공통재료** 유자와야 5cm 큐피…각 1개
- **34·35·36 공통재료** 솜…적당량
- **바늘** 코바늘 3/0호(2.25mm)

완성치수 도안 참조

33 본체

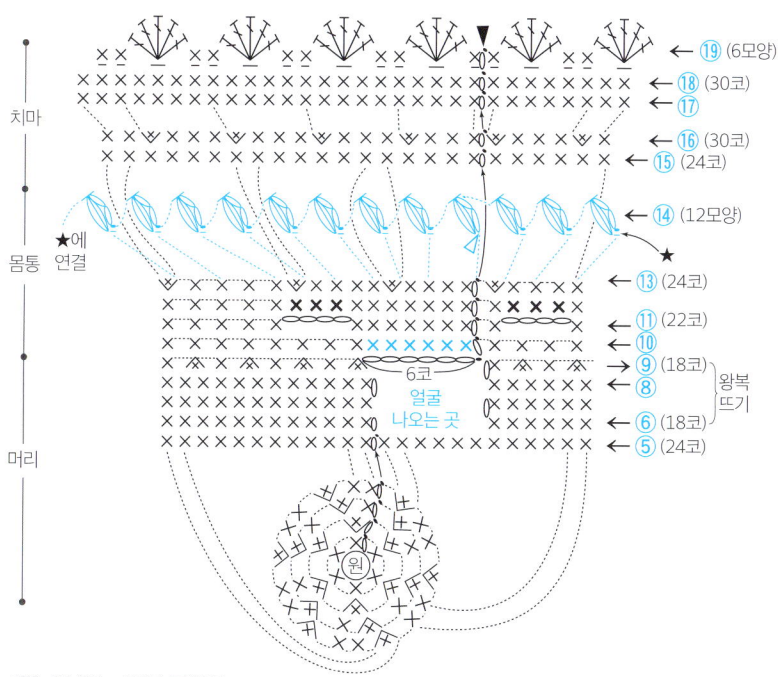

33 본체 배색 표

단수	배색
19	736
15~18	156
14	800
1~13	154

33 1~4단 콧수 표

단수	콧수	증가 코
4	24	+6
3	18	+6
2	12	+6
1	6	

33 잎 2020
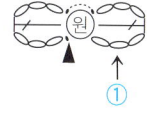

34 잎 233

뜨기 시작 사슬(9코) 시작코

33 복숭아 154

<33·34 뜨는 방법 포인트>

- **34** 7단째의 ✕는 6단째의 ✕의 사슬 앞고리를 주워서 뜬다.
- **34** 8단째의 ∨는 6단째의 남아 있는 사슬 뒷고리를 주워서 뜬다.
- **33** 10단째, **34** 14단째의 ✕는 사슬 반 코와 뒷산을 주워서 뜬다.
- **33** 12단째, **34** 16단째의 ✕는 앞단의 사슬 4코를 통째로 주워서 뜬다.
- (**33** 14단째, **34** 18단째) = **33** 13단째, **34** 17단째 사슬 앞고리를 주워서 빼뜨기를 하고, 계속해서 사슬 2코 기둥코를 세우고 긴뜨기 3코 구슬뜨기를 뜬다.
- **33** 15단째는 13단째의, **34** 19단째는 17단째의 남아 있는 사슬 빈 코를 주워서 뜬다.
- **33** 19단째는 18단째의, **34** 23단째는 22단째의 ✕짧은뜨기의 사슬 앞고리를 주워서 뜬다.

33·34 얼굴 나오는 곳
33=154   **34**=180

한 바퀴 둘러 20코를 뜬다

33·34

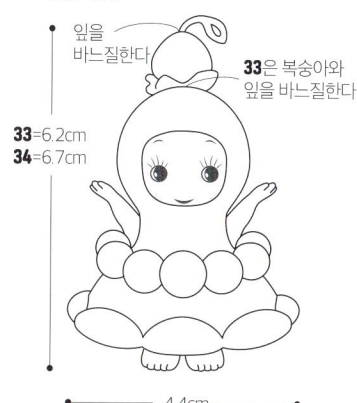

잎을 바느질한다
33은 복숭아와 잎을 바느질한다
33=6.2cm
34=6.7cm
4.4cm

34 본체

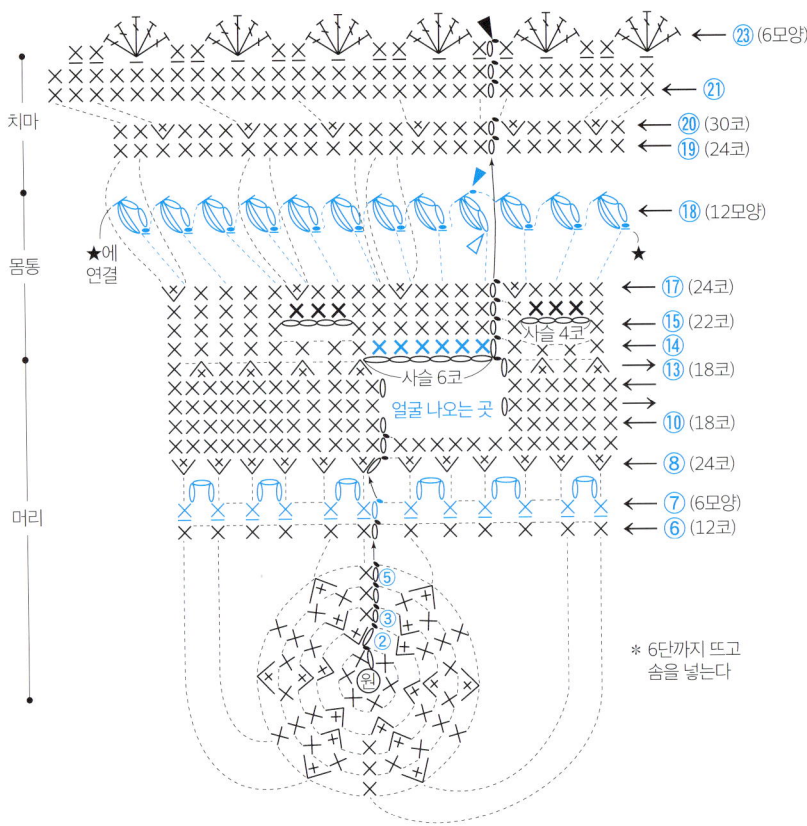

34 배색 표

단수	배색
23	736
19~22	184
18	800
8~17	180
7	800
1~6	1053

34 1~5단 콧수 표

단수	콧수	증감 코
5	12	-6
4	18	
3	18	+6
2	12	+6
1	6	

35·36 치마 (각 2장)

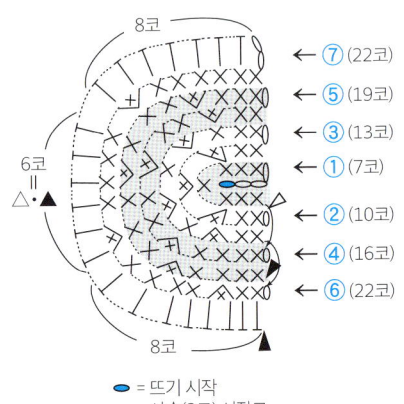

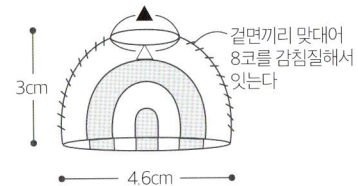

35·36 치마 콧수 표

단수	콧수	증감 코
7	22	
6	22	+3
5	18	+3
4	16	+3
3	13	+3
2	10	+3
1	7	

* 1단째는 사슬3코 시작코에서 빙 둘러서 도안처럼 코를 줍는다.

35·36 치마 배색 표

	35	36
—	1041	737
	800	800

35 본체

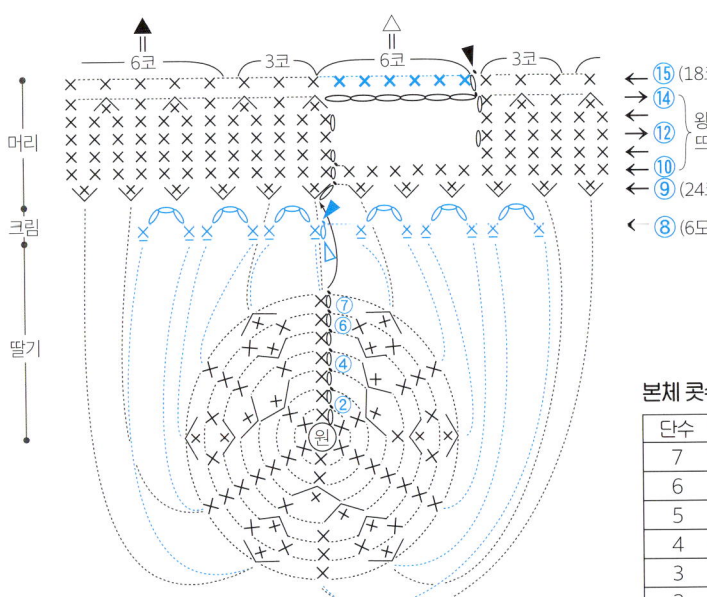

본체 콧수 표

단수	콧수	증감 코
7	12	-6
6	18	
5	18	+6
4	12	+3
3	9	+3
2	6	
1	6	

<뜨는 방법 포인트>
· 7단까지 뜨고 솜을 넣는다.
· 8단의 ×는 7단째의 짧은뜨기의 사슬 앞고리를 주워서 뜬다.
· 9단의 ∨는 7단째의 남아 있는 사슬 뒷고리를 주워서 뜬다.
   15단의 ×는 사슬의 뒷산과 사슬 뒷고리를 주워서 뜬다.

35·36 얼굴 나오는 곳

35=1041
36=737

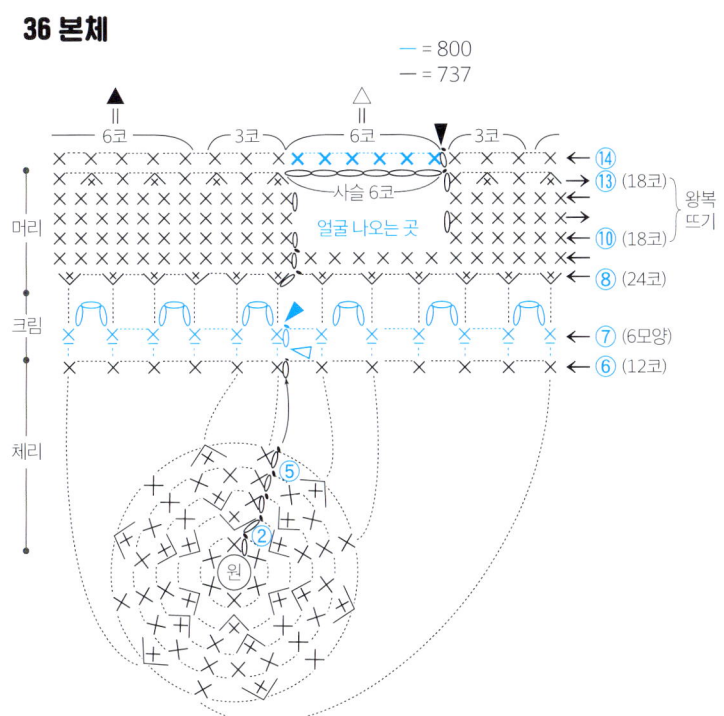

36 본체

― = 800
― = 737

<뜨는 방법 포인트>
- 6단째까지 뜨고 솜을 넣는다.
- 7단째의 ✕는 6단째 짧은뜨기의 사슬 앞고리를 주워서 뜬다.
- 8단째의 ✲는 6단의 남아 있는 사슬 뒷고리를 주워서 뜬다.
- 14단째의 ✕는 사슬의 뒷고리와 뒷산을 주워서 뜬다.

36 본체 콧수 표

단수	콧수	증감 코
6	12	
5	12	-6
4	18	
3	18	+6
2	12	+6
1	6	

35·36 마무리하기 (p.40 참조)

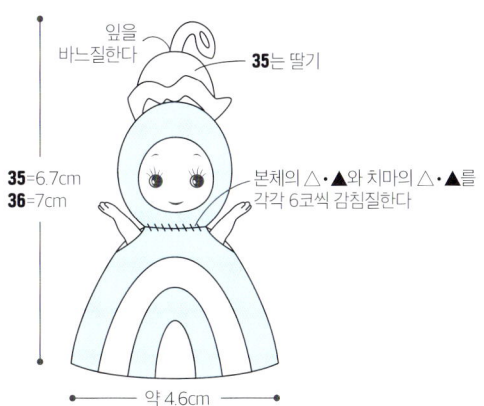

잎을 바느질한다
35는 딸기
35=6.7cm
36=7cm
본체의 △·▲와 치마의 △·▲를 각각 6코씩 감침질한다
약 4.6cm

36 잎 233

뜨기 시작
사슬(9코) 시작코

37·38·39 디저트 큐피 °PHOTO p.17

재료
[25번 자수실]

- **37** 분홍색 계열(104)…1.5타래, 흰색(800)…1타래,
연갈색 계열(722)·빨간색 계열(188)·초록색 계열(232)…각 0.5타래
- **38** 황록색 계열(227)…1.5타래, 흰색(800)…1타래,
황록색 계열(229)·연갈색 계열(722)…각 0.5타래
- **39** 보라색 계열(134)…1.5타래, 흰색(800)…1타래,
베이지색 계열(651)·보라색 계열(6655)·연갈색 계열(722)…각 0.5타래

37·38·39 공통재료 유자와야 5cm 기어가는 모습의 큐피…각 1개, 솜…적당량

바늘 코바늘 3/0호(2.25mm)

완성치수 도안 참조

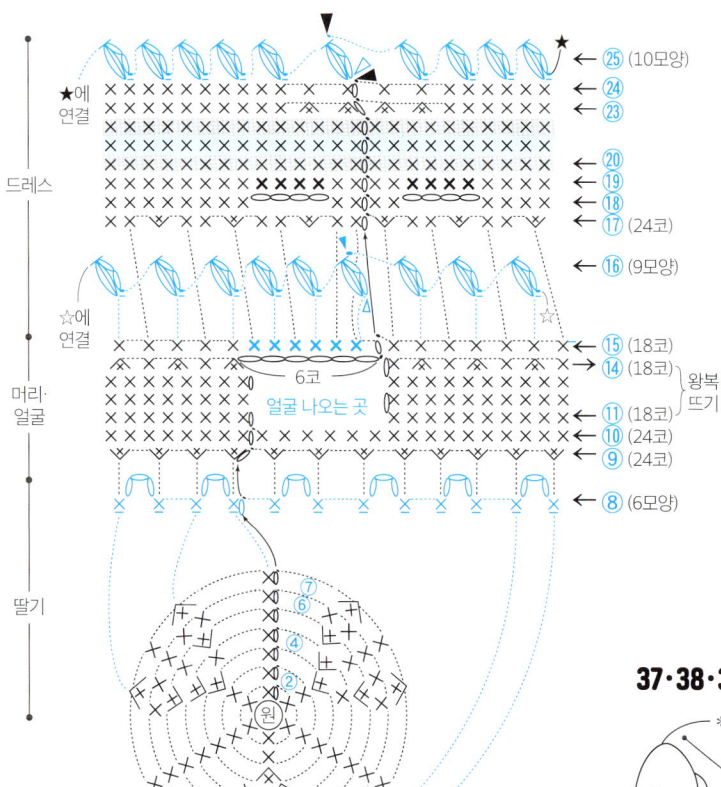

37 배색 표

단수	배색
25	800
23·24	104
22	722
21	800
20	722
17~19	104
16	800
9~15	104
8	232
1~7	188

1~7단째 콧수 표

단수	콧수	증감 코
7	12	-6
6	18	
5	18	+6
4	12	+3
3	9	+3
2	6	
1	6	

<37·39 뜨는 방법 포인트>
- 7단까지 뜨고 솜을 넣는다.
- 8단째의 ×는 7단째의 ×의 사슬 앞고리를 주워서 뜬다.
- 9단째의 ∨는 7단째의 남아 있는 사슬 뒷고리를 주워서 뜬다.
- 15단째의 ×는 사슬의 반 코와 뒷산을 주워서 뜬다.
- 19단째의 ×는 앞 단의 사슬 4코를 통째로 주워서 뜬다.
- 16단째의 ●는 15단째의 ×의 사슬 앞고리를 주워서 뜬다.

◊ = 15단째의 사슬 앞고리를 주워서 빼뜨기를 하고 계속해서 사슬 2코 기둥코를 세운 뒤 긴뜨기 3코 구슬뜨기를 뜬다.

37·38·39

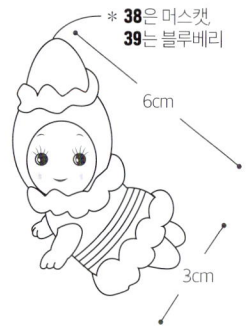

* **38**은 머스캣, **39**는 블루베리

6cm
3cm

37·38·39 얼굴 나오는 곳
37=104 **38**=227 **39**=134

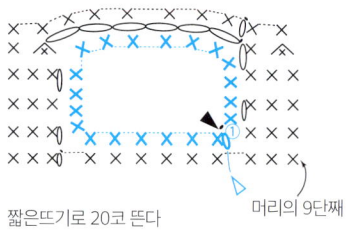

짧은뜨기로 20코 뜬다   머리의 9단째

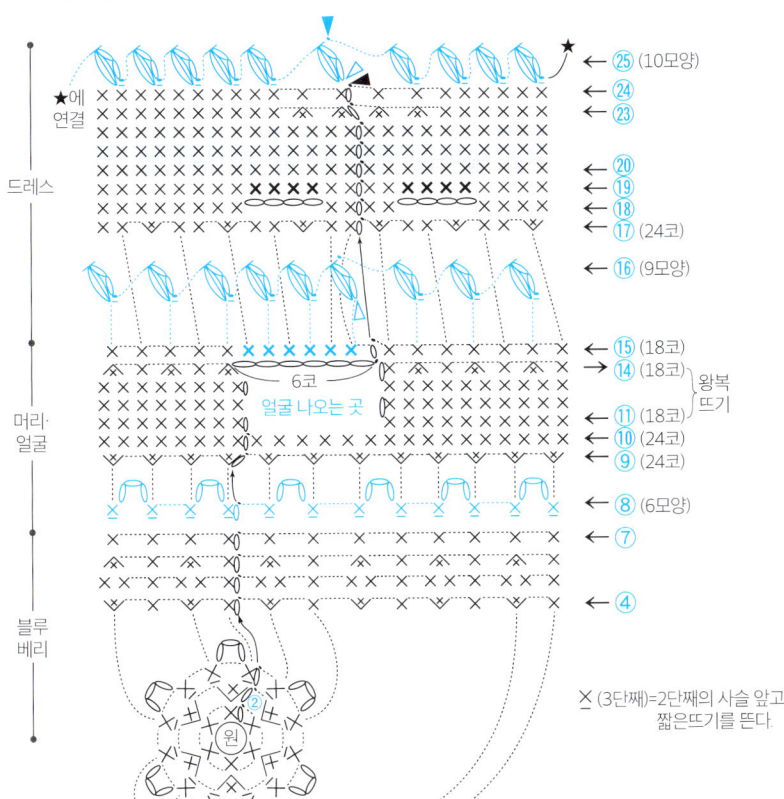

38 본체

<38 뜨는 방법 포인트>
· 6단째까지 뜨고 솜을 넣는다.
· 7단째의 X는 6단째 X의 사슬 앞고리를 주워서 뜬다.
· 8단째의 V는 6단째의 남아 있는 사슬 뒷고리를 주워서 뜬다.
· 14단째의 X는 사슬 반 코와 뒷산을 주워서 뜬다.
· 18단째의 X는 앞 단의 사슬 4코를 통째로 주워서 뜬다.

 (15단째) = 14단째의 사슬 앞고리를 주워서 빼뜨기를 하고, 계속해서 사슬 2코 기둥코를 세우고 긴뜨기 3코 구슬뜨기를 뜬다.

38 배색 표

단수	배색
24	800
22·23	227
21	722
20	800
19	722
16~18	227
15	800
8~14	227
7	800
1~6	229

1~5단의 콧수 표

단수	콧수	증감 코
5	12	-6
4	18	
3	18	+6
2	12	+6
1	6	

39 본체

39 배색 표

단수	배색
25	800
23·24	134
22	722
21	800
20	722
17~19	134
16	800
9~15	134
8	800
2~7	6655
1	651

1~7단째 콧수 표

단수	콧수	증감 코
7	12	
6	12	-6
5	18	
4	18	+6
3	6모양	
2	12	+6
1	6	

* 뜨는 방법 포인트는 p.64 참조

X (3단째)=2단째의 사슬 앞고리를 주워서 짧은뜨기를 뜬다.

40·41·42·43·44·45 일하는 큐피

° PHOTO p.18, p.19 ° POINT LESSON 42 p.40

재료
[25번 자수실]

40 남색 계열(356)…5.5타래, 검은색(900)…1타래,
　　남색 계열(358)·미색(850)·파란색 계열(385)…각 0.5타래,
　　노란색 계열(502)…약간
41 분홍색 계열(129)…3타래, 남색 계열(324)…1.5타래,
　　회색 계열(488)…1타래
42 검은색(900)…3타래, 갈색 계열(575)·흰색 계열(850)…2타래
43 오렌지색 계열(525)…5타래, 노란색 계열(542)…2타래,
　　회색 계열(411)·검은색(900)…각 0.5타래
44 연분홍색 계열(101)…3.5타래
45 흰색(800)…3타래, 회색 계열(487)…1.5타래,
　　크림색 계열(7020)·황록색 계열(2021)·검은색(900)…각 0.5타래,
　　회색 계열(411)…약간
40·41·42·43·44·45 공통재료 유자와야 10cm 큐피…각 1개

[그 외의 재료]
40·41·43·45 지름 6mm 스냅단추…각 2세트
42 지름 4mm 진주 비즈…1개
44 지름 6mm 스냅단추…각 1세트
바늘 레이스 바늘 0호(1.75mm)

완성치수 도안 참조

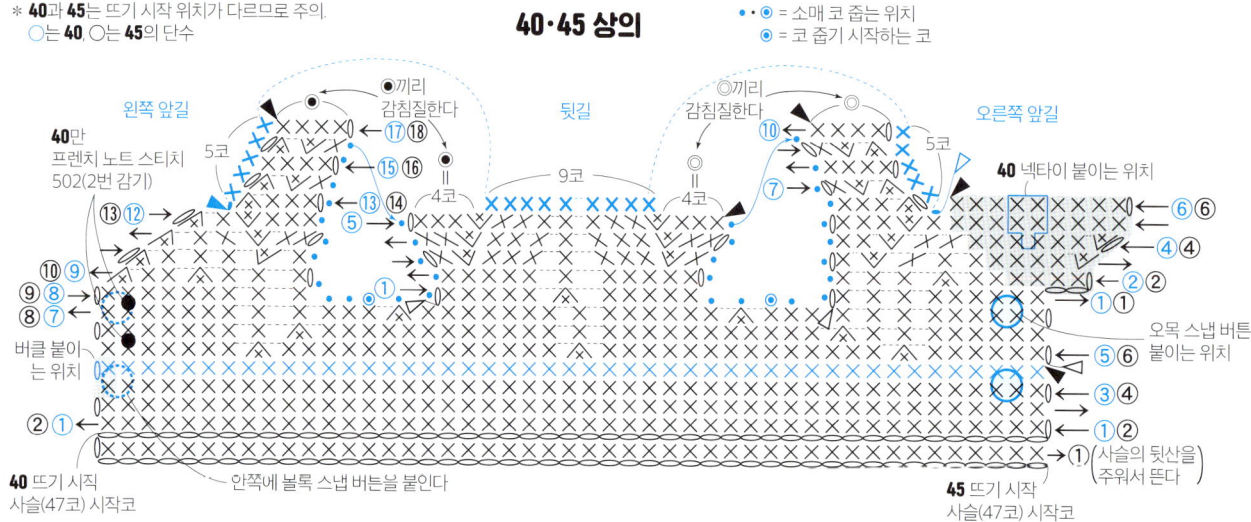

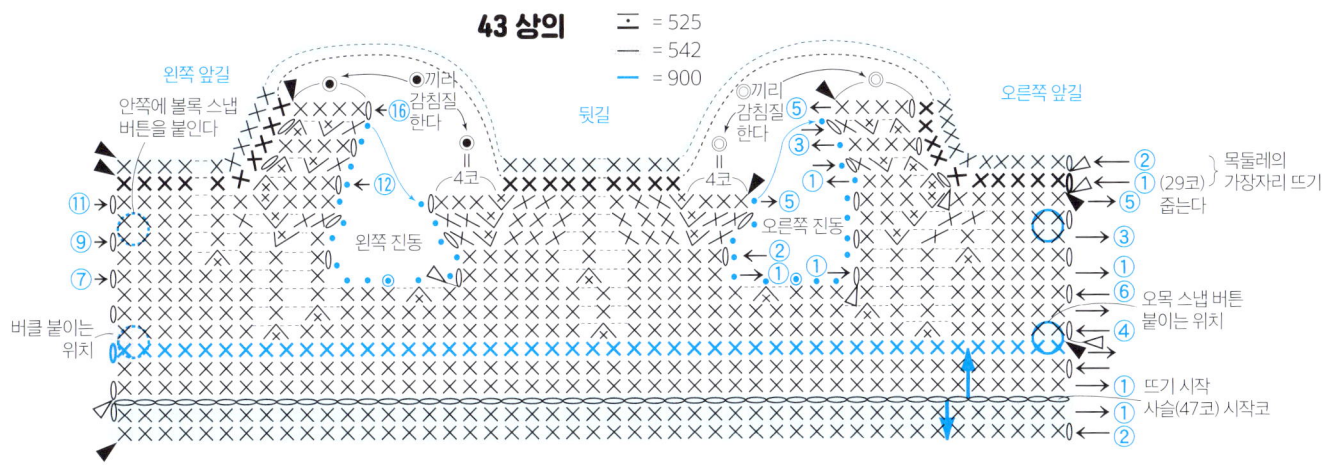

<43 상의 뜨는 순서>
① 47코로 시작코를 만들어 542로 2단 뜬다.
② 지정 위치에 ①을 뜬 반대 방향으로 실을 걸어 525로 2단, 900으로 1단, 525로 3단을 뜨고 계속해서 왼쪽 앞길을 16단까지 뜬다.
③ 뒷길과 오른쪽 앞길도 실을 연결해 뒷길은 5단, 오른쪽 앞길을 5단까지 뜬 다음 실을 잘라 지정 위치에 실을 연결해 5단 뜬다.
④ 목둘레에서 코를 주워 1단째는 525로, 2단째는 542로 2단을 뜬다.
⑤ 진동에서 17코를 주워 소매를 뜬다.

40·43·45 소매 좌우 공통

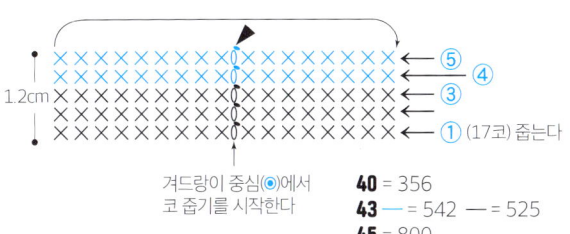

겨드랑이 중심(◉)에서
코 줍기를 시작한다

40 = 356
43 ― = 542 ― = 525
45 = 800

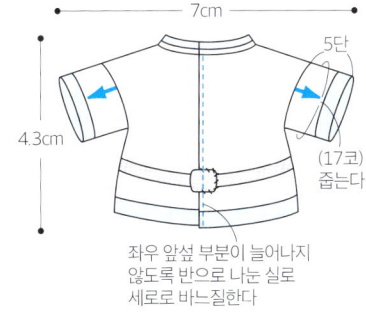

40·43·45 바지

40 = 356
43 = 다리 부분 1·2단째만 542,
그 외 부분은 525
45 = 487

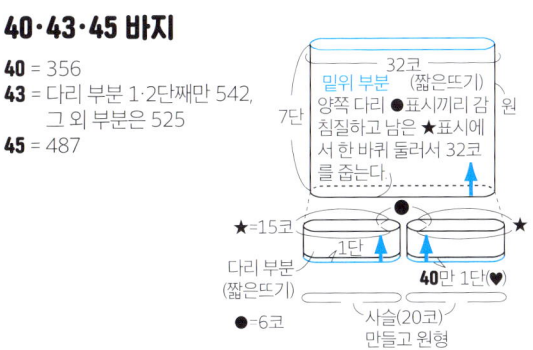

<뜨는 순서>
1. 다리를 2장 뜬다. **40**만 가장자리를 1단 뜨고 가장자리 끝부분(자연스럽게 접혀 꺾이는 부분)을 실을 반으로 나누어 바느질해서 고정한다.

40·43·45 다리 부분 (각 2장)

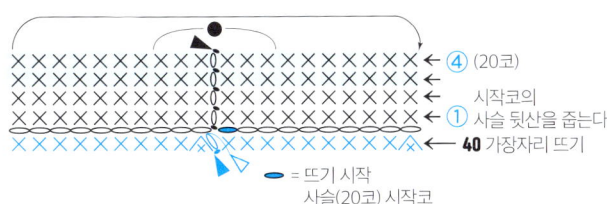

<40 가장자리 뜨는 방법>

 다리 부분의 시작코 사슬의 뒷고리를 화살표처럼 주워 짧은뜨기 이랑뜨기를 1단 뜬다.

2. 다리 2장을 감침질하고 도안처럼 밑위 부분을 짧은뜨기로 7단 뜬다.
  (p 39의 **7·8·10** 참조)

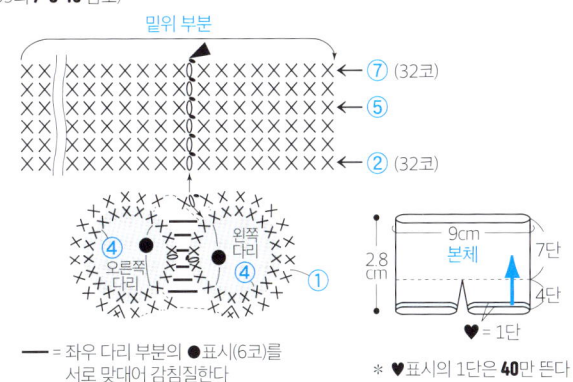

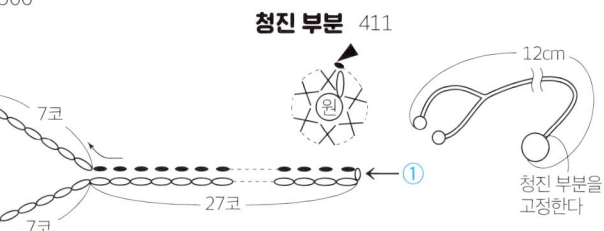

40 모자콧수표

단수	콧수	증감 코
13~14	39	
12	39	-3
11	42	-3
10	45	-3
9	48	
8	48	+6
7	42	+6
6	36	+6
5	30	+6
4	24	+6
3	18	+6
2	12	+6
1	6	

43 모자콧수표

단수	콧수	증감 코
18	72	+6
17	66	+6
16	60	+6
15	54	+6
14	48	+6
10~13	42	
9	42	+3
8	39	+3
7	36	+6
6	30	+6
5	24	+6
4	18	+6
3	12	+4
2	8	+4
1	4	

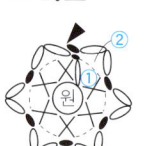

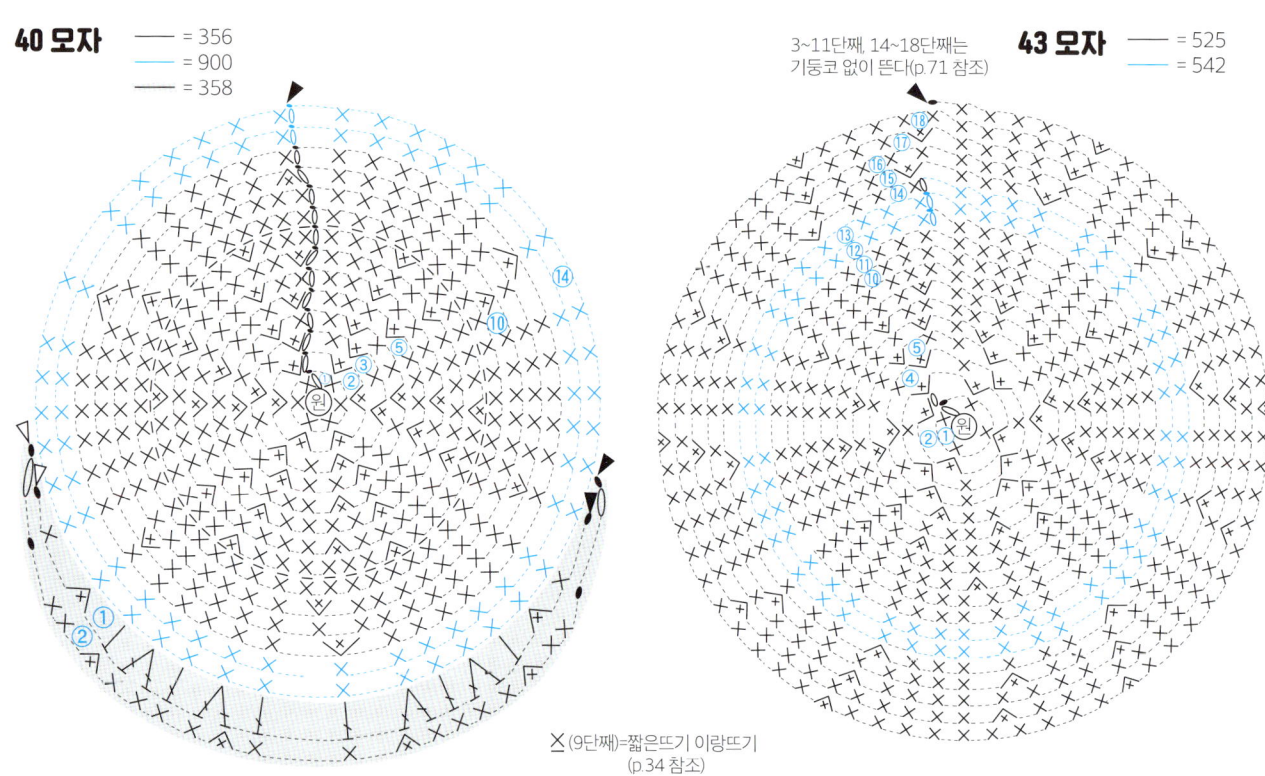

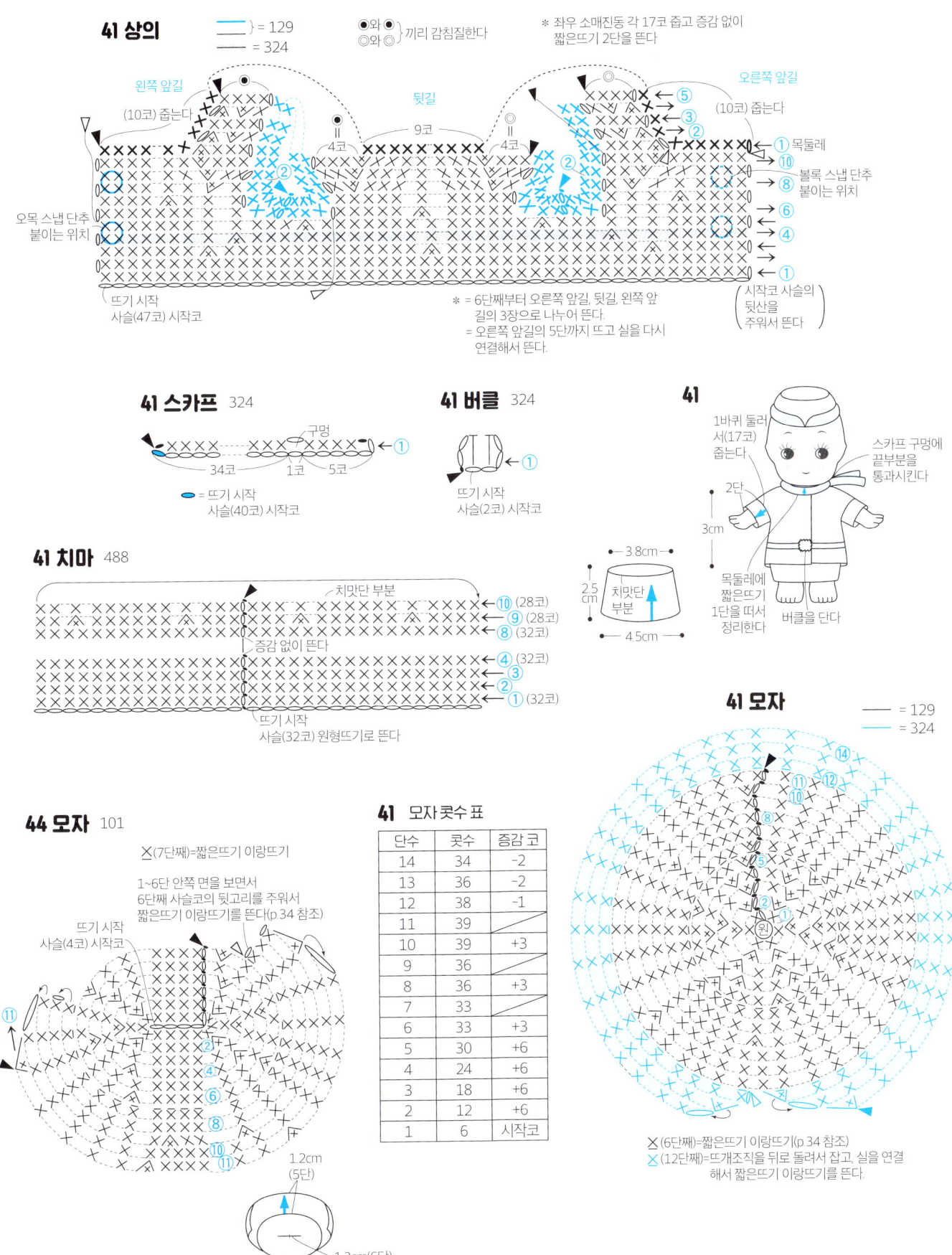

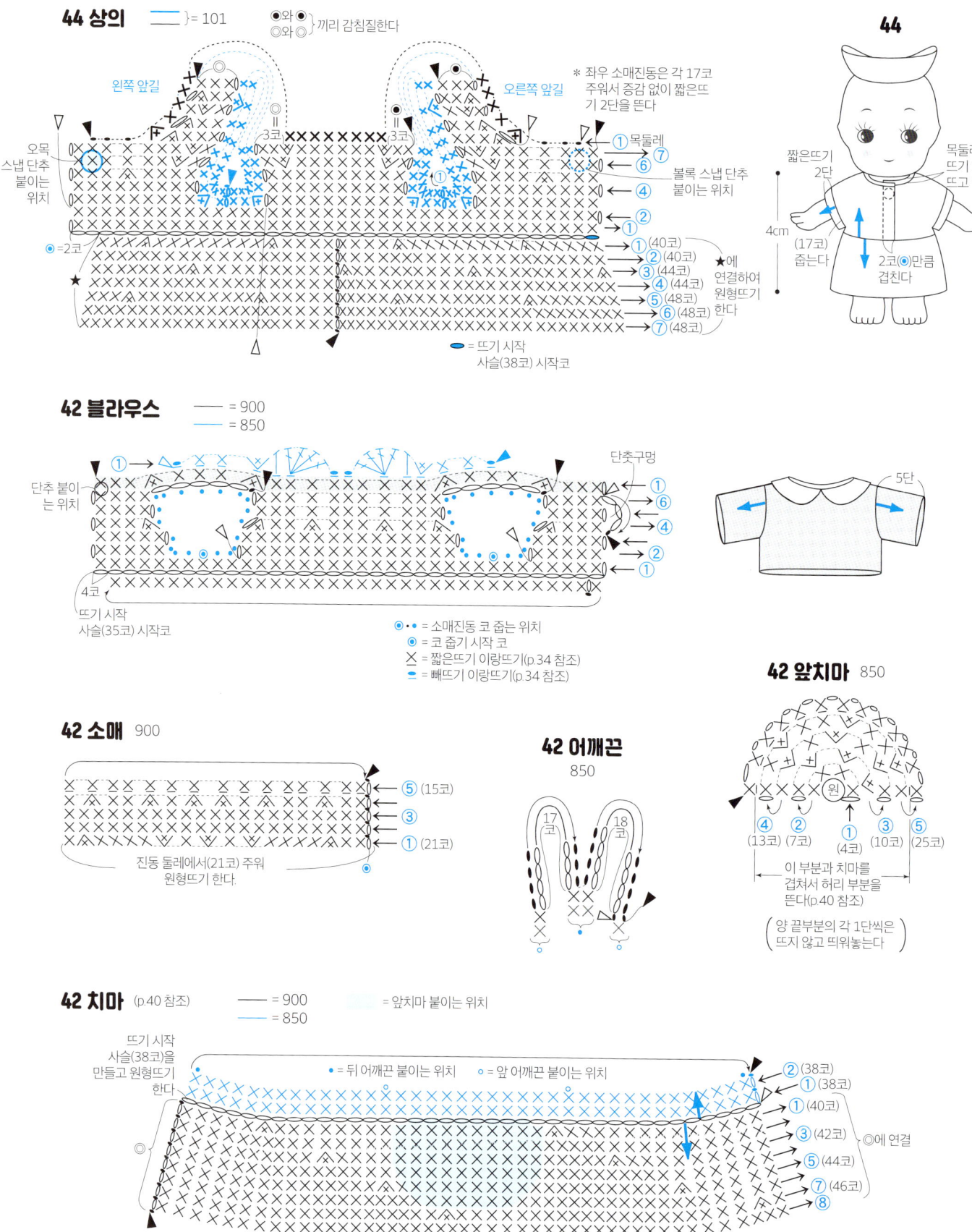

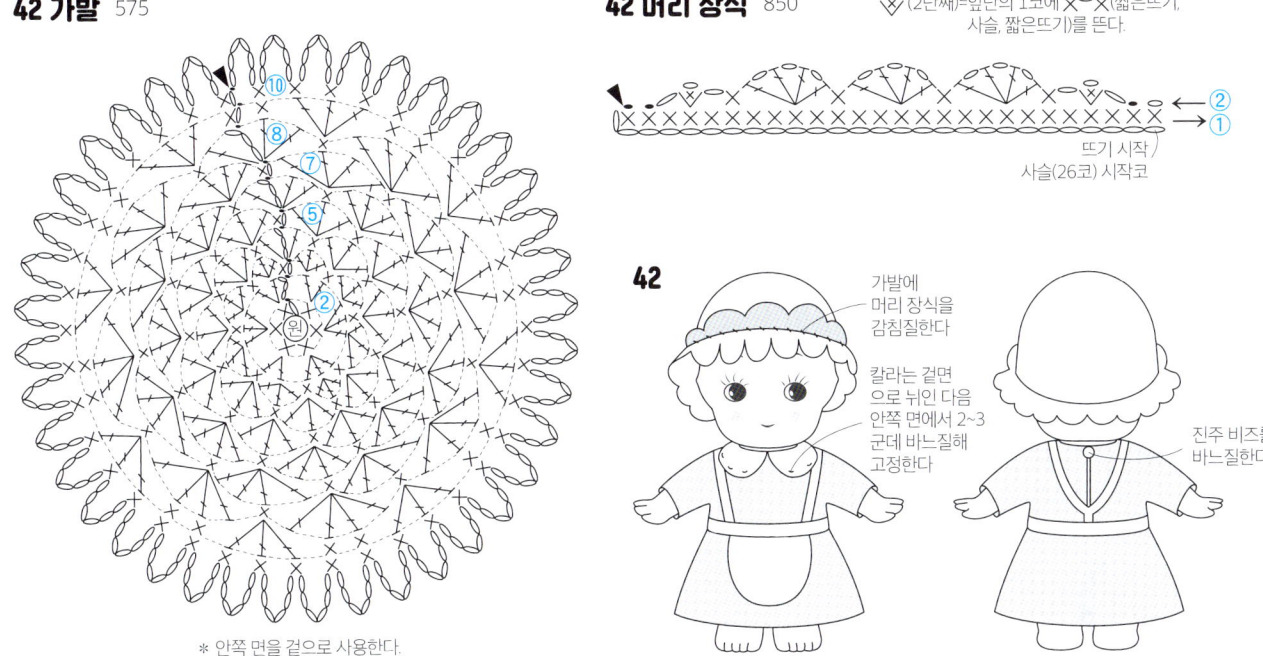

✕✕ 기둥코 없이 원을 뜨는 방법(소용돌이 모양으로 뜨기) ✕✕

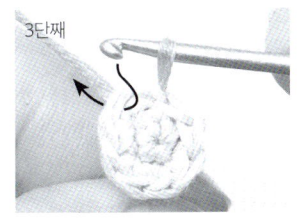

1 1, 2단째를 뜬 다음 3단째는 화살표대로 1번째 코에 이어서 짧은뜨기를 소용돌이 모양으로 뜬다.

2 3단째의 1번째 코에 짧은뜨기를 뜬 상태.

3 3단째를 뜨고, 4단째의 1번째 코에 짧은뜨기를 뜬 모습. 기둥코 없이 다음 단을 떠가기 때문에 소용돌이 모양으로 떠진다.

4 3의 4단째의 1번째 코(★)에 실을 건다. 이다음부터 매 단 1번째 코에 실을 걸어 이동시키면서 뜨면 몇 단을 떴는지 알기 쉽고 첫코의 위치를 놓치지 않고 뜰 수 있다.

46·47·48·49·50·51 동화 속 큐피

° PHOTO p.20, p.21   ° POINT LESSON 49 p.42

재료

[25번 자수실]

46 연분홍색 계열(101)·파란색 계열(392)…각 1타래,
황록색 계열(262)·청록색 계열(2215)…각 0.5타래

47 파란색 계열(364)…2.5타래, 노란색 계열(502)…2타래,
흰색(800)…1.5타래

48 연지색 계열(194)…4.5타래, 흰색(800)…1타래,
겨자색 계열(582)…0.5타래

49 파란색 계열(368)·겨자색 계열(583)·검은색(900)…각 1.5타래,
진녹색 계열(238)…0.5타래

50 흰색(800)…2타래, 보라색 계열(654)·진녹색 계열(238)·검은색(900)…각 1.5타래, 황록색 계열(229)·분홍색 계열(1041)…0.5타래

51 빨간색 계열(190)·오렌지색 계열(754)…각 1타래,
노란색 계열(581)…0.5타래

46·47·48·49·50·51 공통재료 유자와야 10cm 큐피…각 1개

[그 외의 재료]

47·48·49·50 지름 7mm의 스냅 버튼…각 1세트,
재봉실(회색)…적당량

바늘 레이스 바늘 0호(1.75mm)

완성치수 도안 참조

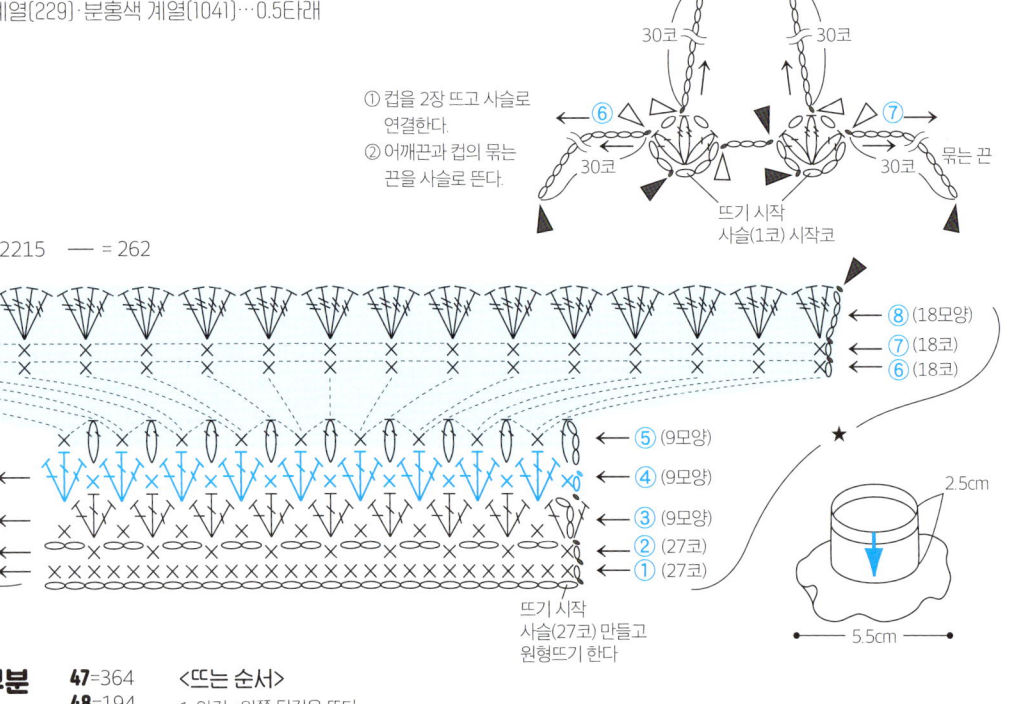

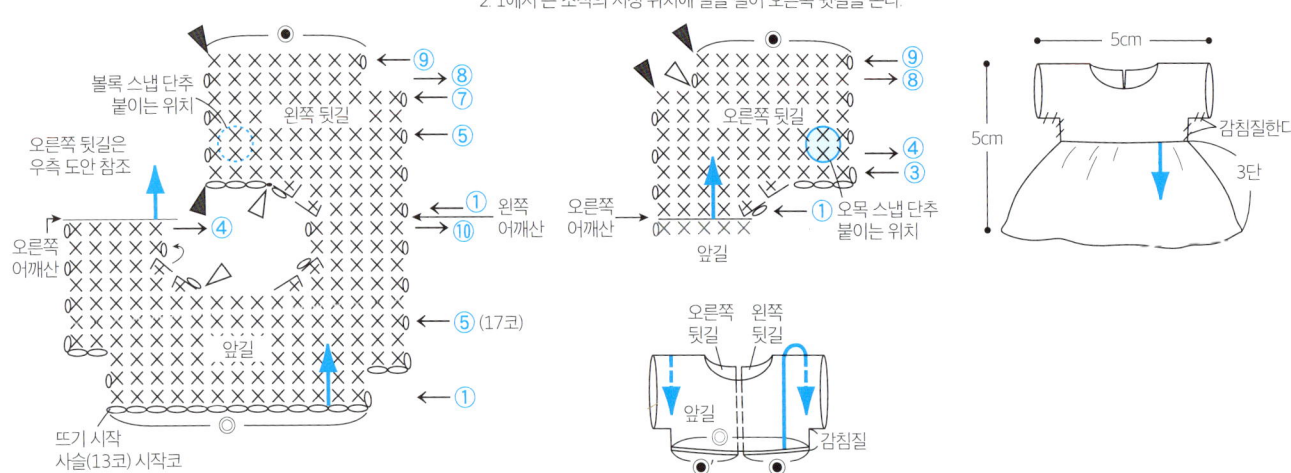

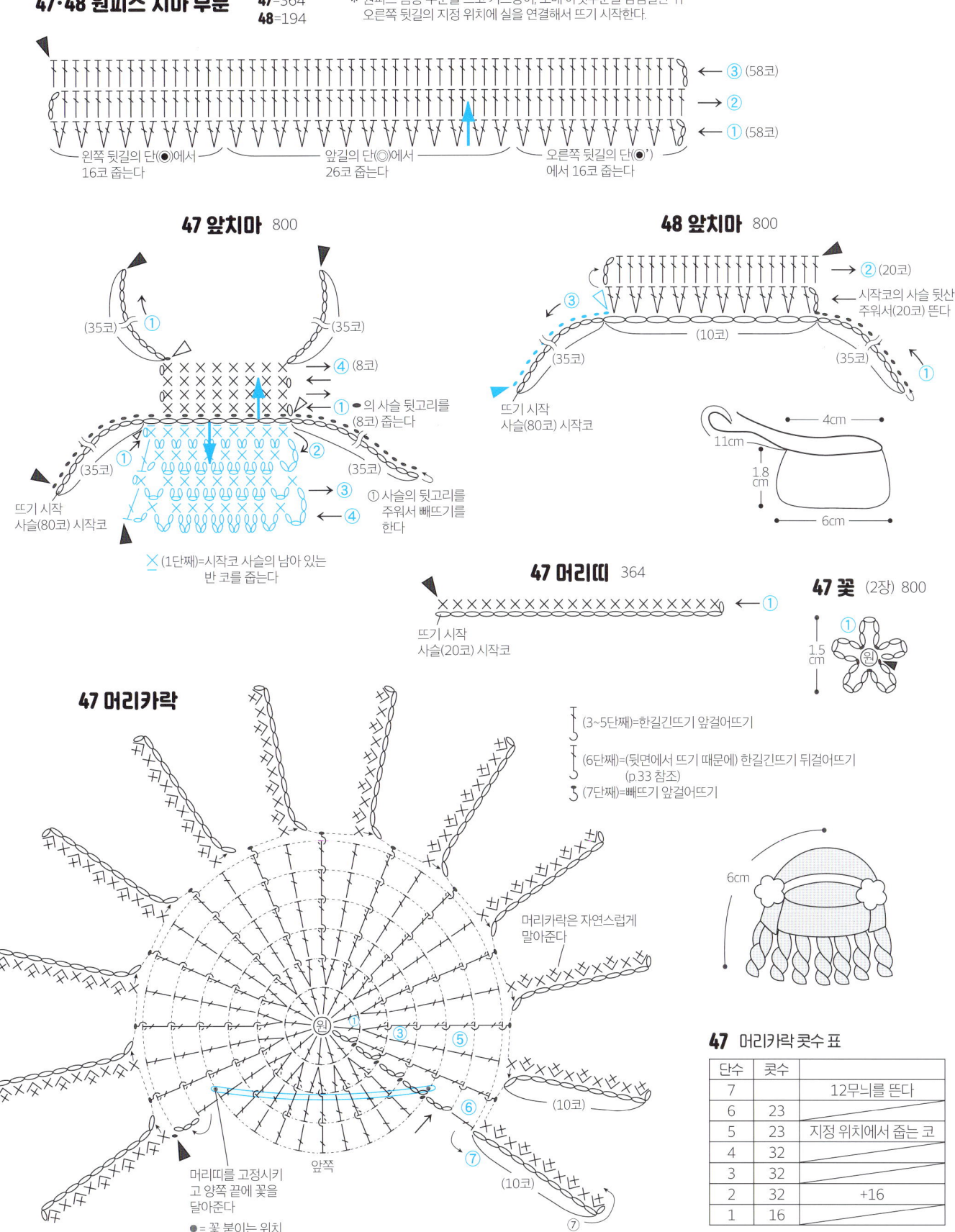

48 바구니 582

48 바구니 콧수 표

단수	콧수	증가 코
4~7	18	
3	18	+6
2	12	+6
1	6	

49 도롱이 238

● = 술 장식 붙이는 위치(실 2가닥으로 총 28군데 붙인다)

48 망토 194

끈 끝부분 매듭

49·50 뒷길·오른쪽 앞길

49=368
50=654

49·50 왼쪽 앞길

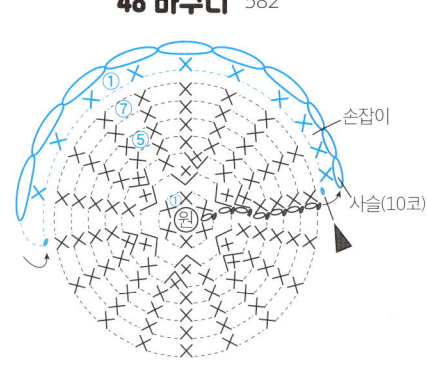

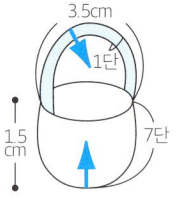

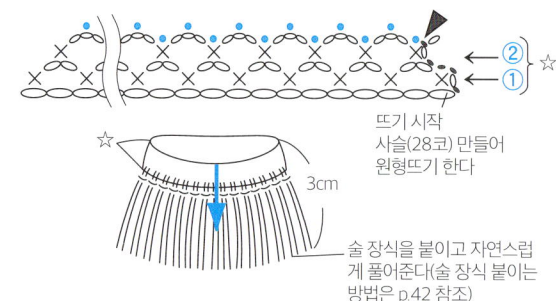

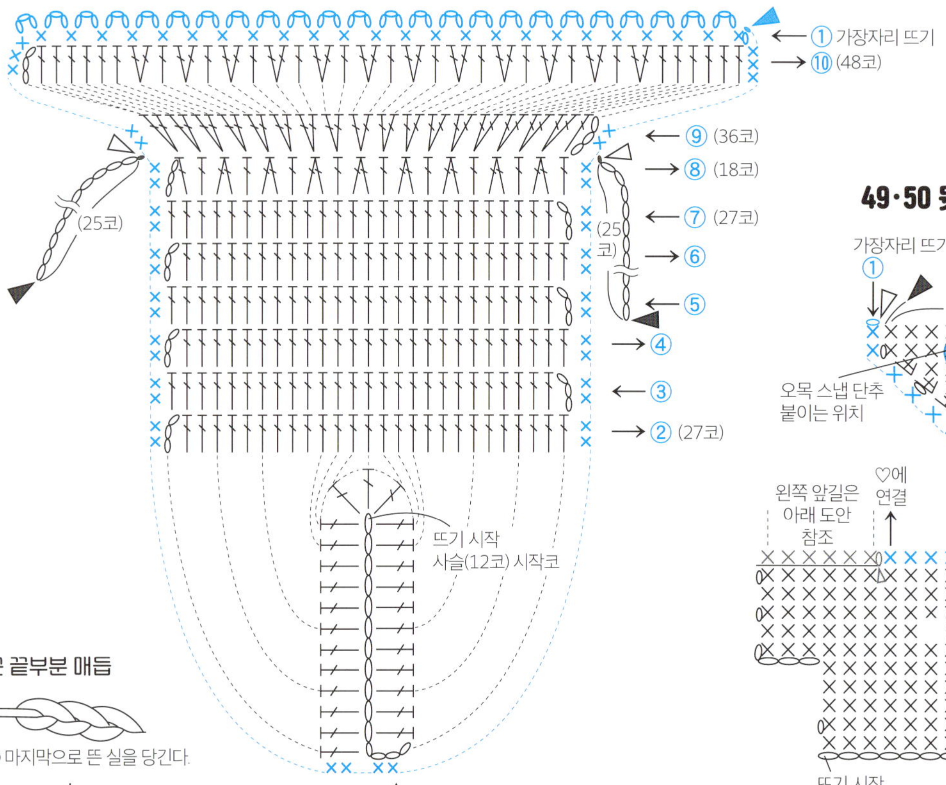

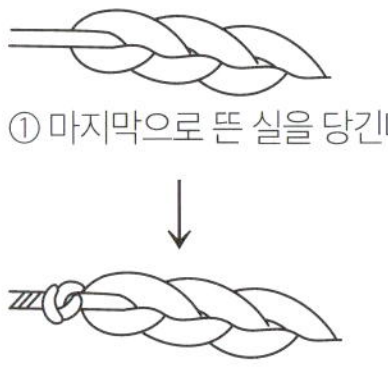

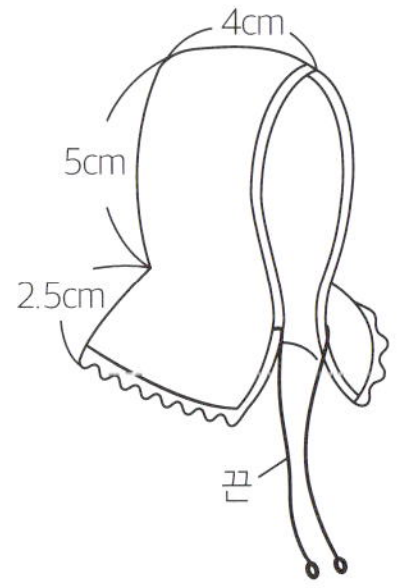

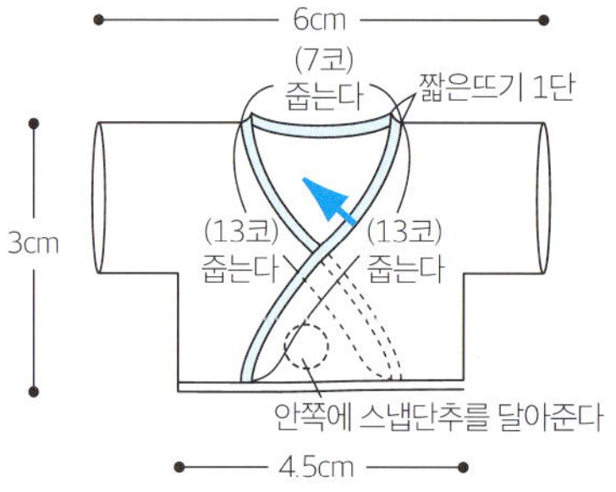

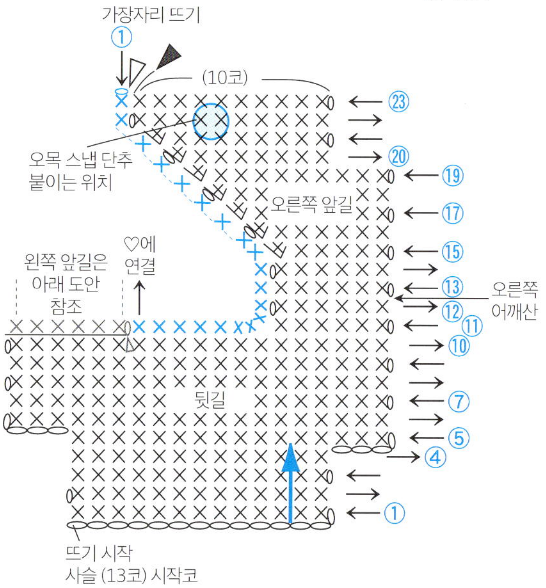

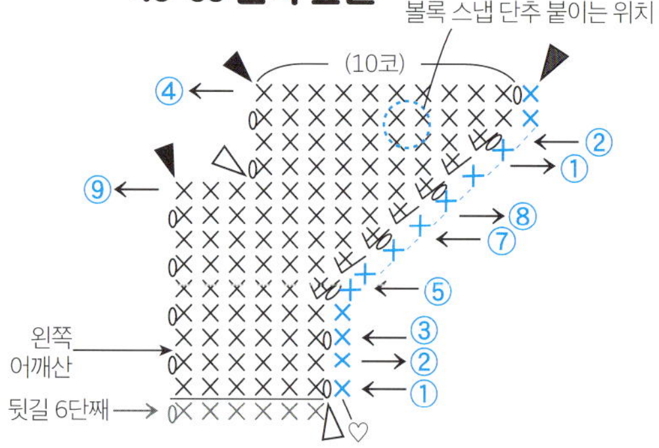

49 어롱(물고기 바구니) 238

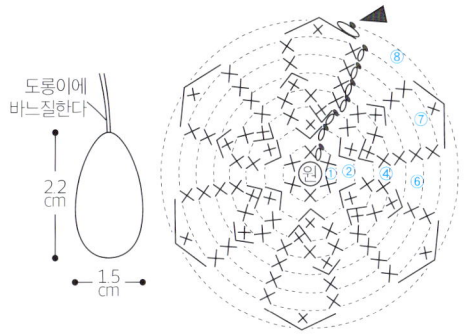

어롱 콧수 표

단수	콧수	증감 코
8	6	-6
6·7	12	
5	12	-6
4	18	
3	18	+6
2	12	+6
1	6	

51 긴타로 상의 (앞가리개) 190

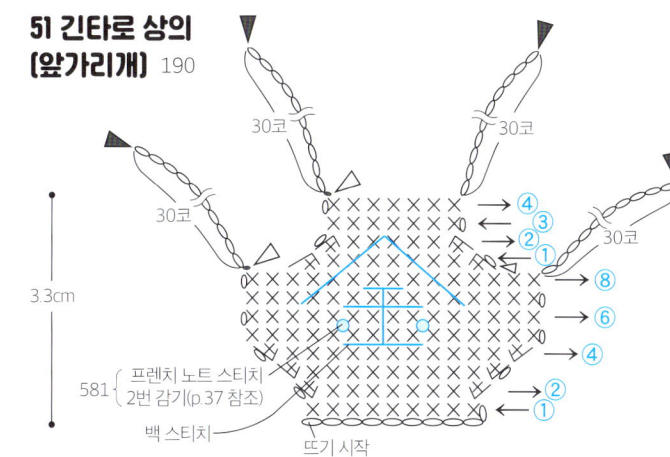

49 가발 900

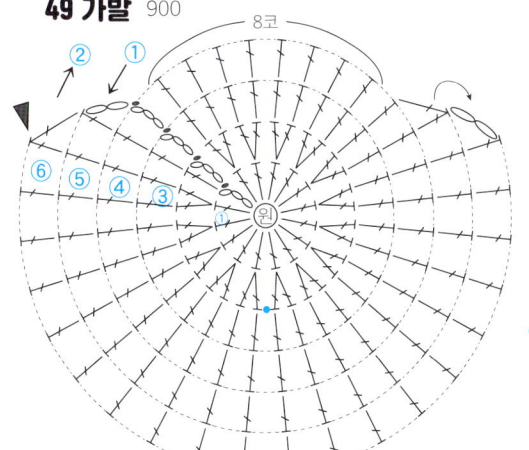
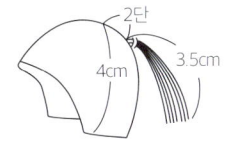

● = 술 장식 붙이는 위치
10cm 정도의 자수실(900)
7가닥을 반으로 접어서
붙이고, 실의 꼬인 부분을
풀어준다. (p.42 참조)

가발 콧수 표

단수	콧수	증감 코
6	20	-2
5	22	-10
3·4	32	
2	32	+16
1	16	

백 스티치

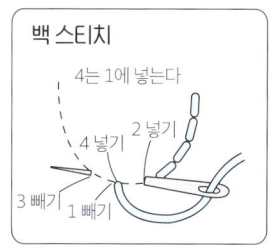

51 바지 754

* **7·8·10**(p.51 참조)과 같은 방법으로 뜬다.

50 조끼 800

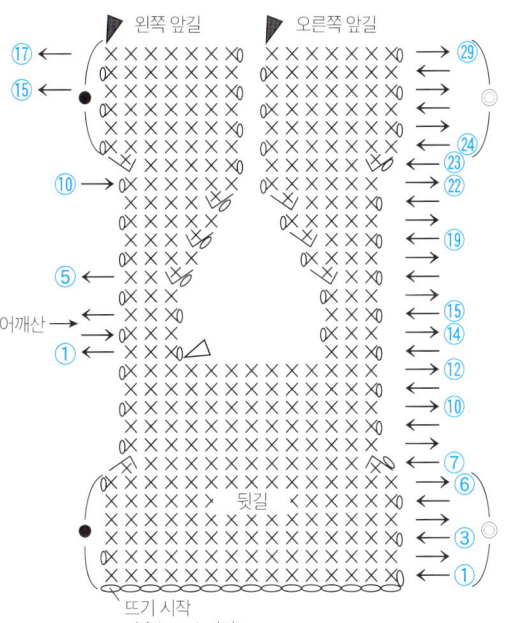

* 진동에서 옷단까지의 ●와 ●, ◎와 ◎는 각각 감침질한다.

50 가발

배색 { ─ = 900, ─ = 800 }

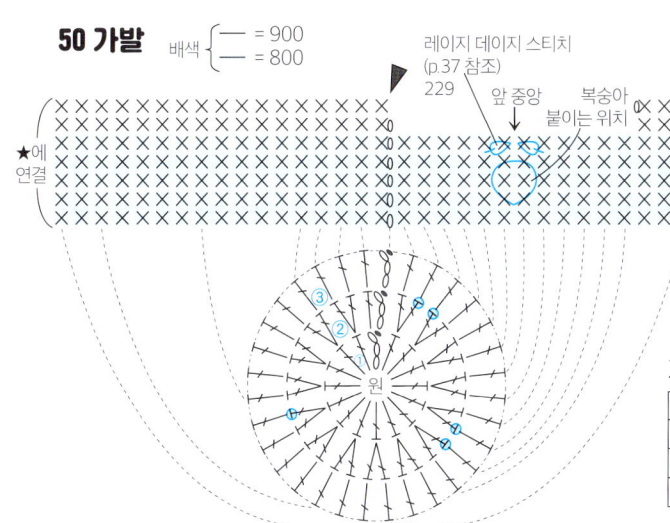

가발 콧수 표

단수	콧수	증가 코
3~8	32	
2	32	+16
1	16	

○ = 술 장식 붙이는 위치. 2단째의 한길긴뜨기의 코에 앞은 자수실(900) 8cm
길이의 2올씩 4군데에, 뒤쪽은 자수실(900) 10cm 길이의 7올을 반으로
접어 붙이고 실의 꼬임을 풀어준다. (p.42 참조)

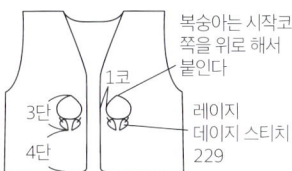

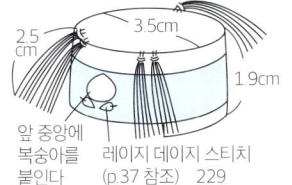

50 복숭아 (3장) 1041

사슬(1코) 시작코

* 뒷면을 겉으로 해서 사용한다.

50 바지 238

* **7·8·10**(p.51 참조)과 같은 방법으로 뜬다.

52·53·54·55·56·57·58
할로윈 큐피&크리스마스 큐피

° PHOTO p.22, p.23

재료
[25번 자수실]
- **52** 검은색(900)…2타래, 보라색 계열(675)…0.5타래
- **53** 오렌지색 계열(535)…1.5타래, 황록색 계열(2021)…0.5타래, 검은색(900)…약간
- **54** 흰색(800)…1.5타래, 보라색 계열(604)·빨간색 계열(701)…0.5타래, 검은색(900)…약간
- **55** 초록 계열(200)…1.5타래, 오렌지색 계열(755)·노란색 계열(543)…각 0.5타래, 분홍색 계열(105)·오렌지색 계열(1052)…각 약간
- **56** 오렌지색 계열(754)…1.5타래, 베이지색 계열(721)…0.5타래, 빨간색 계열(701)…약간
- **57** 빨간색 계열(701)…1.5타래, 흰색(801)…0.5타래
- **58** 흰색(801)…2타래, 파란색 계열(371A)·오렌지색 계열(1052)…각 0.5타래, 갈색 계열(745)…약간

52·53·54·55·56·57·58 공통재료 유자와야 5cm 큐피…각 1개
[그 외의 재료]
- **52·55** 지름 6mm의 스냅 버튼…각 1세트
- **53** 일본 아미구루미협회 눈 부품(끼워 넣는 타입) 검은색 (3.5mm)…각 2개
- **54** 일본 아미구루미협회 눈 부품 타원형(끼워 넣는 타입) 검은색 (4.5mm)…2개
- **56·58** 일본 아미구루미협회 눈 부품(끼워 넣는 타입) 검은색 (3mm)…2개
- **바늘** 코바늘 2/0호(2.0mm)

완성치수 도안 참조

52·57 모자

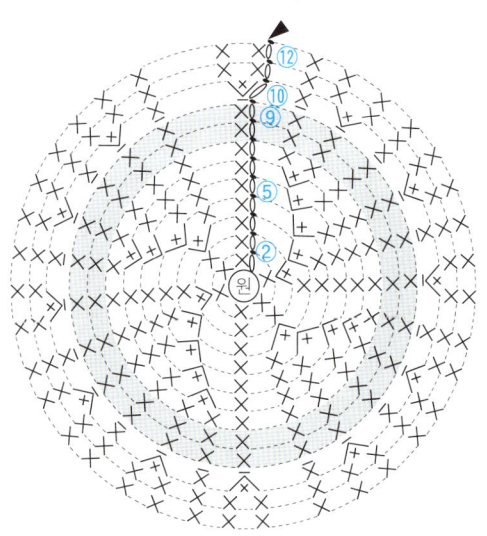

모자 콧수표

단수	콧수	증가 코
11·12	36	
10	36	+12
7~9	24	
6	24	+4
5	20	+4
4	16	+4
3	12	+4
2	8	+2
1	6	

* **52**는 1~12단을 뜬다
  57은 1~9단을 뜬다

10단째의 ✕(짧은뜨기 이랑뜨기)와 ✖(짧은뜨기 늘리기 이랑뜨기)는 앞단의 짧은뜨기의 사슬 앞고리를 주워서 뜬다

모자 배색 표

단수	52	57
10~12	900	
9	675	801
8	675	701
1~7	900	701

52

57
폼폼을 고정한다

52·57 소매

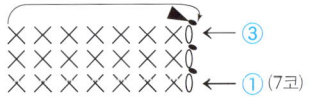

← ③
← ① (7코)

* 1단째는 옷의 소매 코 줍는 위치(◉··)에서 줍는다.

소매 배색 표

단수	52	57
3	900	801
1·2	900	701

57 폼폼 801

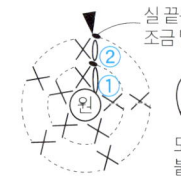

실 끝은 조금 남긴다

모자에 붙이는 부분

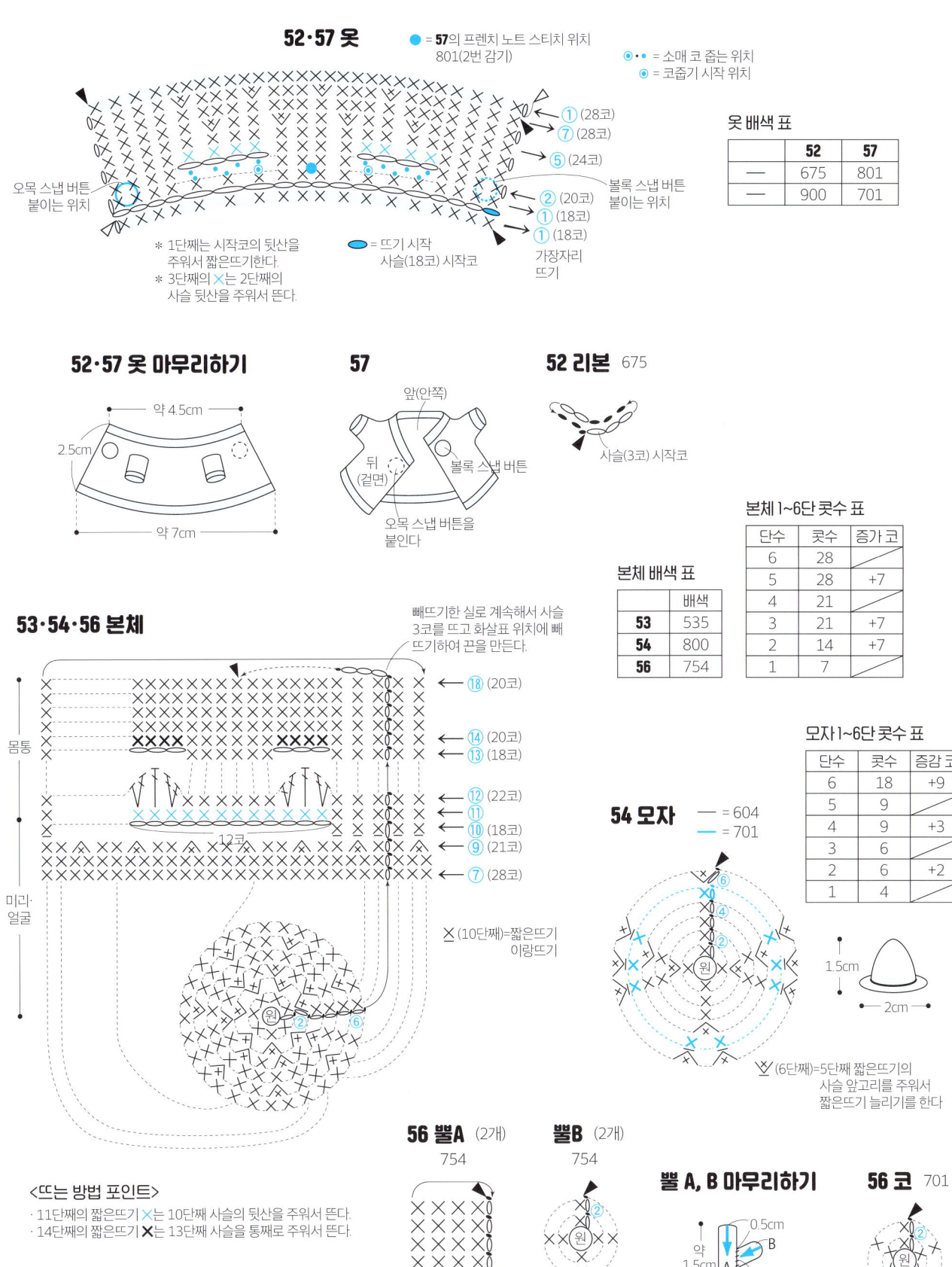

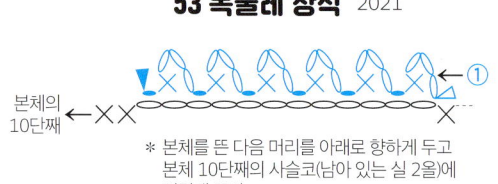
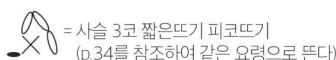

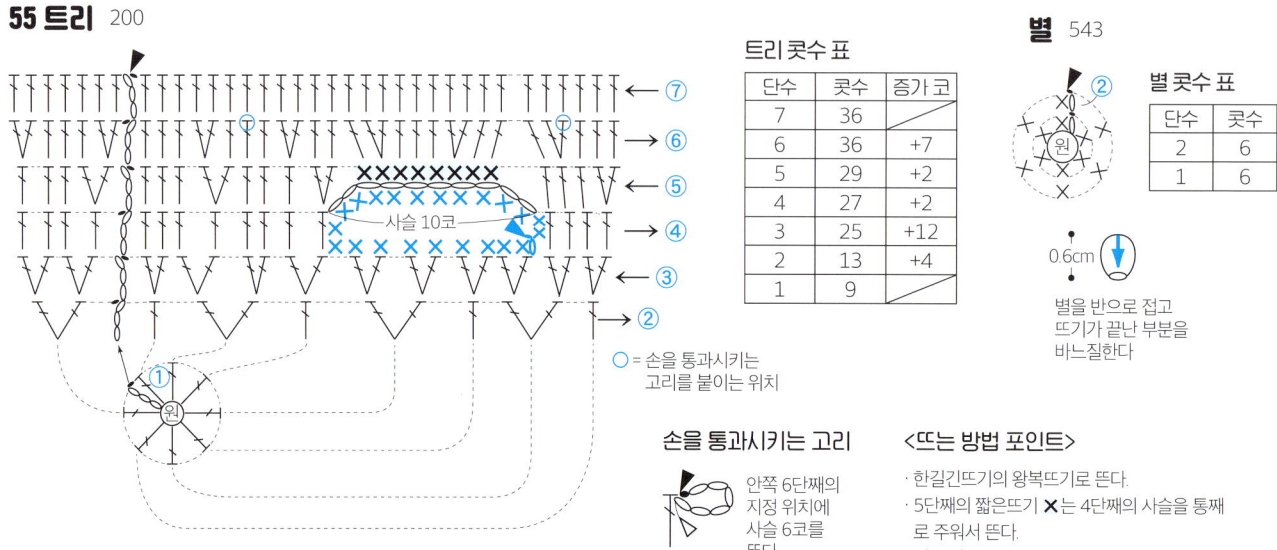
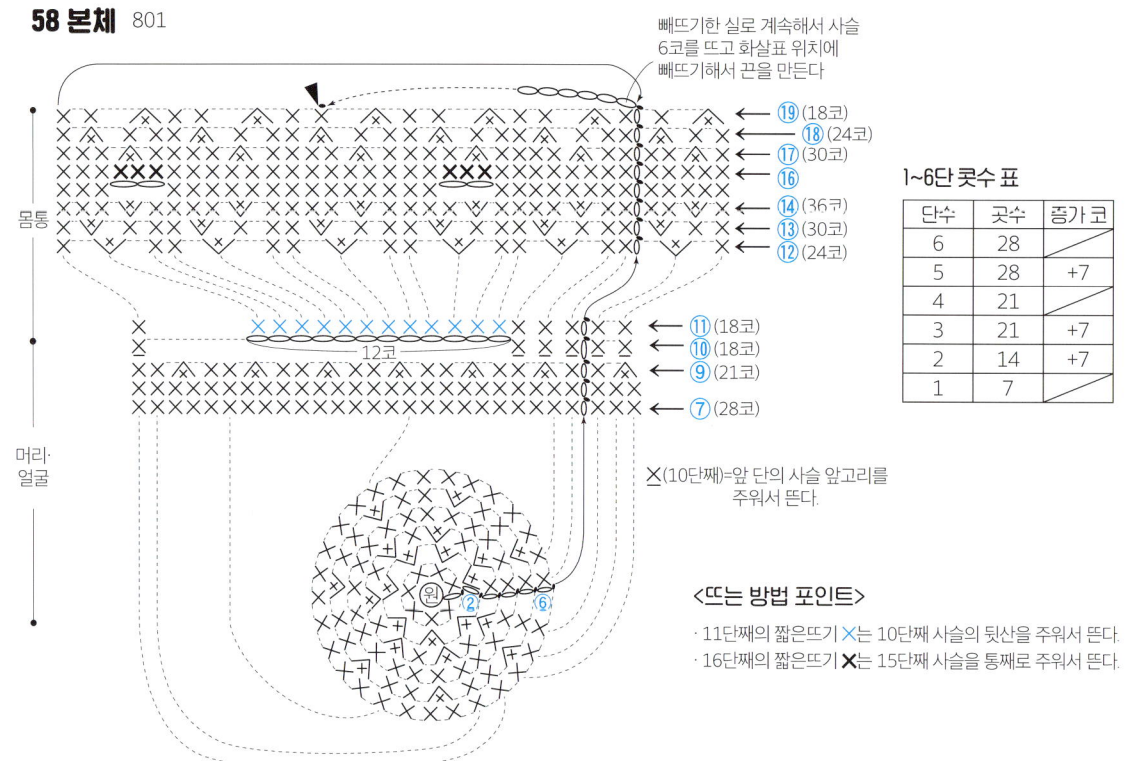

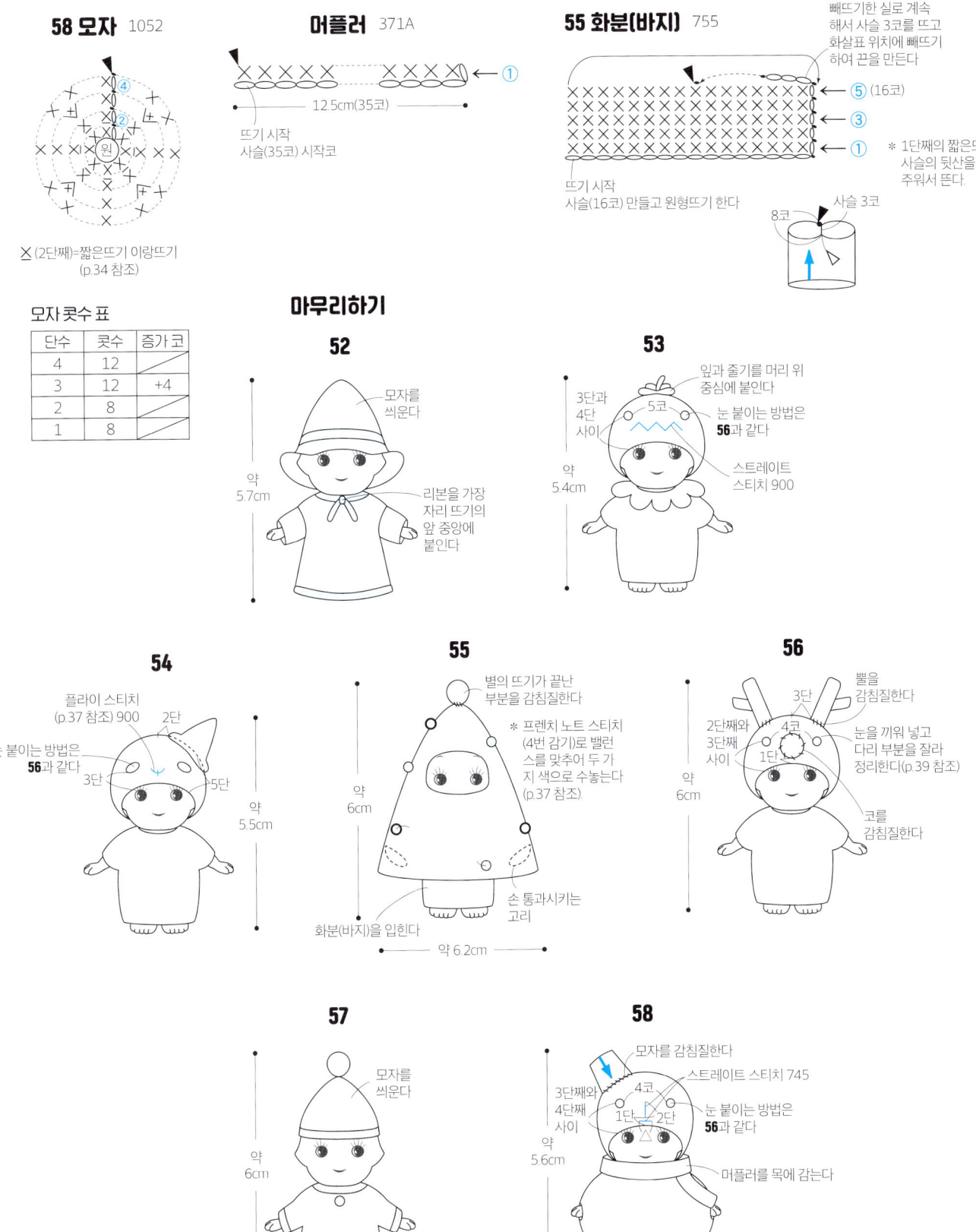

59·60·61·62·63·64
꽃의 요정 큐피

° PHOTO p.24, p.25 ° POINT LESSON 60 p.41

재료
[25번 자수실]

- **59** 연보라색 계열(621)…2.5타래, 베이지색 계열(651)…1타래, 연보라색 계열(600)…1타래, 흰색(800)·황록색 계열(210)…0.5타래
- **60** 빨간색 계열(190)…2.5타래, 빨간색 계열(192)…2타래, 분홍색 계열(156)…1타래, 초록색 계열(216)…0.5타래
- **61** 연분홍색 계열(101)…4타래, 분홍색 계열(102)…2타래, 팥죽색 계열(1703)…0.5타래, 초록색 계열(252)…0.5타래
- **62** 노란색 계열(502)…2타래, 갈색 계열(575)·노란색 계열(501)·흰색(800)…각 1타래, 초록색 계열(2071)…0.5타래
- **63** 자주색 계열(655)·분홍색 계열(156)·연분홍색 계열(101)…각 1타래, 연주황색 계열(111)·초록색 계열(2071)…각 0.5타래
- **64** 미색(850)…5.5타래, 민트그린 계열(251)…1타래, 물색 계열(2039)…0.5타래
- **59·60·61·62·63·64 공통재료** 유자와야 10cm 큐피…각 1개, 7mm 폭의 걸고리 후크…2개

바늘 코바늘 2/0호(2.0mm)

완성치수 도안 참조

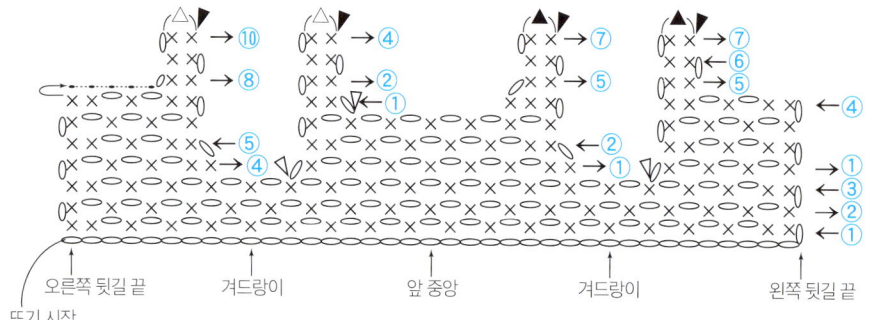

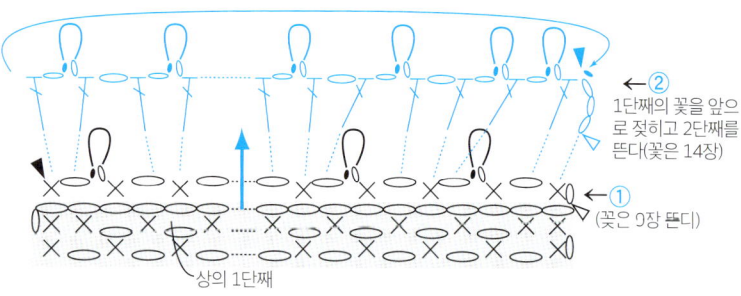

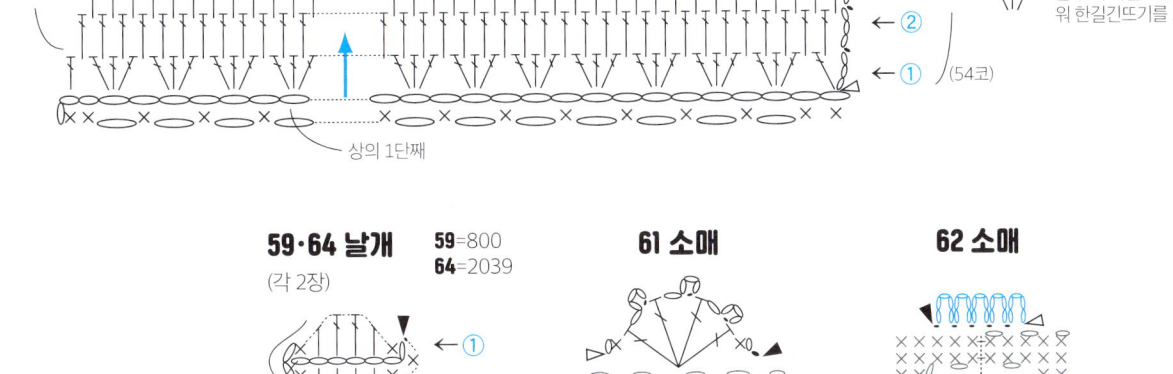
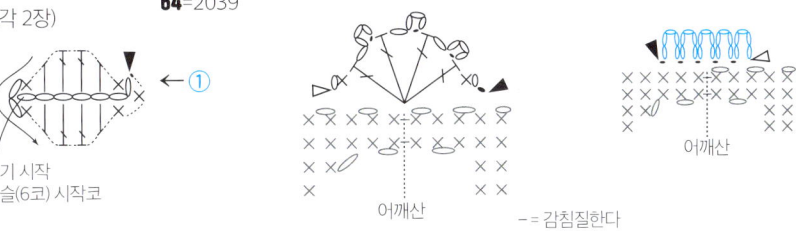

64 허리끈 마무리하기

22cm

꽃을 반으로 접고 가운데로 허리끈을 통과시켜 끝부분을 꽃의 안쪽에서 고정한다

60·61 장미

60 = 190···1개
61 = { 102···4개
      1703···2개(1개는 잎사귀 끈 장식용)

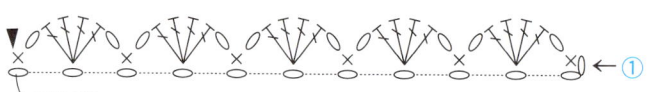

뜨기 시작 사슬(11코) 시작코

＊ 102(4개)와 1703(1개)을 치마에 골고루 붙인다.

장미 마무리하기

＊ 둘둘 감아서 시작코를 바느질로 고정한다.

64 허리끈 2039

뜨기 시작 사슬(80코) 시작코

24cm

64 은방울꽃
(2개) 850

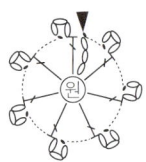

59·60·61·62·63·64 상의 마무리하기
<뒤에서 본 모습>

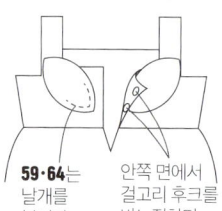

59·64는 날개를 붙인다

안쪽 면에서 걸고리 후크를 바느질한다

60·61·62·63 잎사귀 끈

60 = 216
61 = 252
62 = 2071
63 = 2071

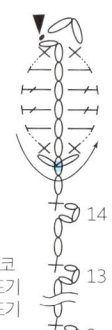

= 사슬3코 짧은뜨기 피코뜨기

뜨기 시작 사슬(6코) 시작코

● 끼리 고정시킨다

60·61·62·63 화관

60 = 156
61 = 102
62 = 800
63 = 101

＊ 꽃을 7개 뜬다.

30코

꽃 7개째

꽃 2개째

꽃 1개째

30코

● = 뜨기 시작 사슬(4코) 시작코

62 치마
5·6단째 = 501
1~4단째 = 502

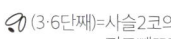 (3·6단째) = 사슬2코의 피코빼뜨기

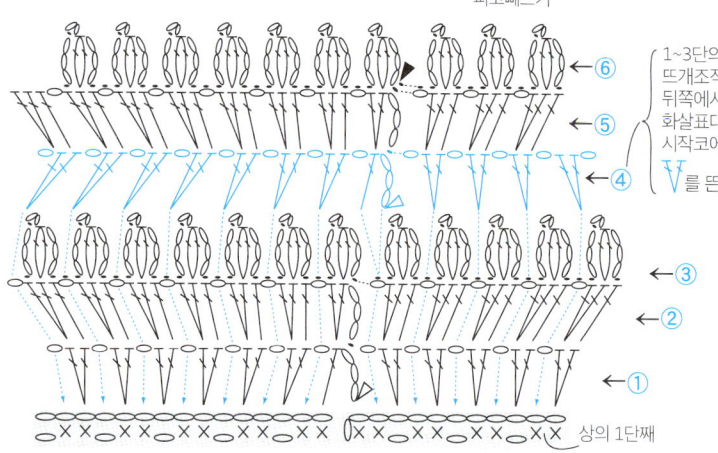

1~3단의 뜨개조직의 뒤쪽에서 화살표대로 시작코에 V를 뜬다

상의 1단째

60·61 잎사귀 끈 마무리하기

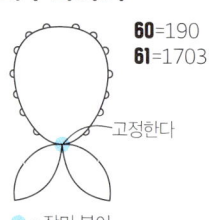

60 = 190
61 = 1703

고정한다

● = 장미 붙이는 위치

59·64 머리장식
59=210
64=251

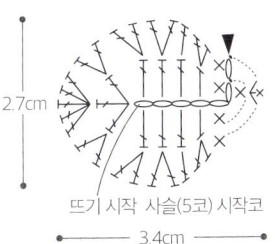

64 꽃 장식 A·B
A=꽃 4개
B=꽃 7개
850 (각 1개)

64 머리장식 마무리하기

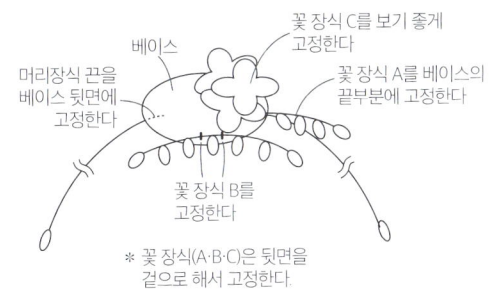

* 꽃 장식(A·B·C)은 뒷면을 겉으로 해서 고정한다.

59·64 머리장식 끈 (2개)
59=651   **64**=2039

59·64 꽃 장식 C
59=621
64=850

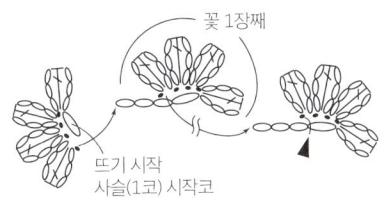

* **59**는 꽃을 7장 뜬다.

59 머리장식 마무리하기

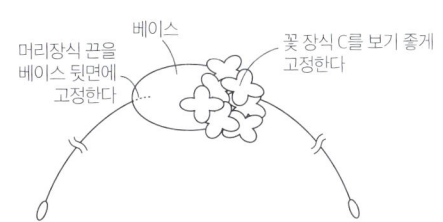

65·66·67 마트료시카 큐피 °PHOTO p.26

재료
[25번 자수실]

65 초록색 계열(233)·황록색 계열(227)…각 1타래, 보라색 계열(674)·분홍색 계열(125)·오렌지색 계열(1051)·노란색 계열(543)…각 약간

66 빨간색 계열(190)·오렌지색 계열(182)…각 1타래, 파란색 계열(3175A)·황녹색 계열(2021)·빨간색 계열(701)·노란색 계열(543)…각 약간

67 파란색 계열(366)·물색 계열(351)…각 1타래, 분홍색 계열(1046)·노란색 계열(543)·초록색 계열(233)…각 약간

65·66·67 공통재료 유자와야 5cm 큐피…각 1개
[그 외의 재료]
바늘 코바늘 2/0호(2.0mm)

완성치수 도안 참조

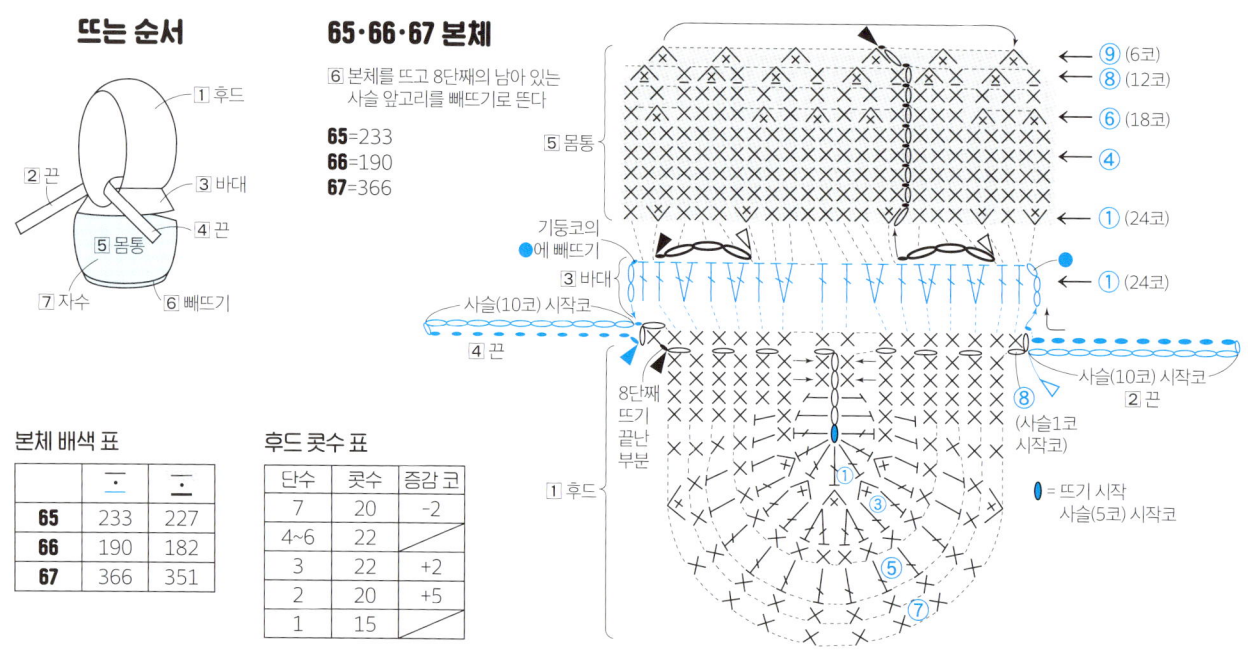

본체 배색 표
	·	·
65	233	227
66	190	182
67	366	351

후드 콧수 표
단수	콧수	증감 코
7	20	-2
4~6	22	
3	22	+2
2	20	+5
1	15	

마무리하기

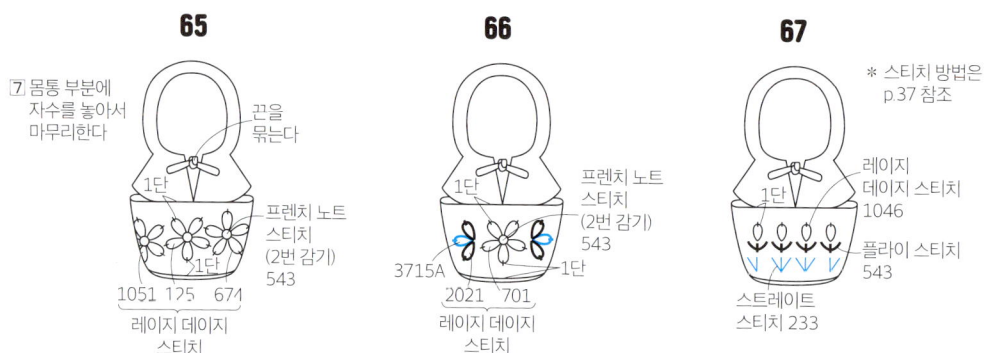

68·69·70·71 달마 큐피 °PHOTO p.27

재료
[25번 자수실]

68 분홍색 계열(1046)…2타래, 검은색(900)…0.5타래, 샤이니 리플렉터 라메 자수실 라이트골드 계열(S106)·빨간색 계열(S102)…각 약간

69 빨간색 계열(701)…2타래, 검은색(900)…0.5타래, 샤이니 리플렉터 라메 자수실 골드 계열(S107)…약간

70 흰색(801)…2타래, 검은색(900)…0.5타래, 샤이니 리플렉터 라메 자수실 골드 계열(S107)·빨간색 계열(S102)…각 약간

71 파란색 계열(372A)…2타래, 검은색(900)…0.5타래, 샤이니 리플렉터 라메 자수실 라이트골드 계열(S106)·빨간색 계열(S102)…각 약간

68·69·70·71 공통재료 유자와야 5cm 큐피…각 1개

[그 외의 재료]

바늘 코바늘 2/0호(2.0mm)

완성치수 도안 참조

68·69·70·71 본체

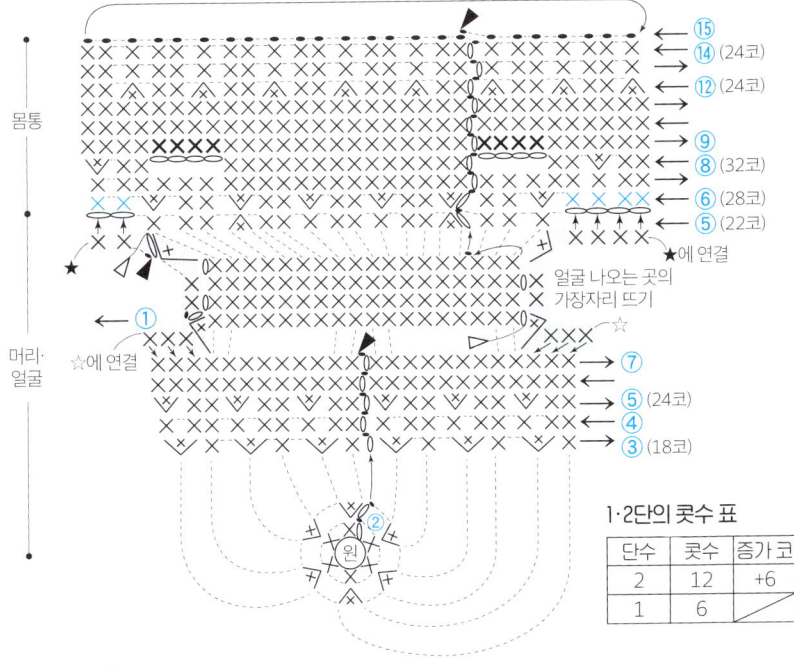

본체 배색 표

	배색
68	1046
69	701
70	801
71	372A

<뜨는 방법 포인트>
· 13단째의 짧은뜨기 ×는 사슬 뒷고리와 뒷산을 주워서 뜬다.
· 16단째의 짧은뜨기 ×는 사슬을 통째로 주워서 뜬다.
· 얼굴 나오는 곳의 짧은뜨기 ×는 사슬의 남아 있는 반 코를 주워서 뜬다.
↷ = 실을 걸친다

아웃라인 스티치
5는 2에서 빼기
3 빼기
1 빼기
5 빼기
2 넣기
4 넣기

1·2단의 콧수 표

단수	콧수	증가 코
2	12	+6
1	6	

수염 900 (각 2개)
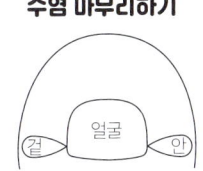
실 끝을 남긴다
실 끝을 약 13cm 남긴다
뜨기 시작 사슬(3코) 시작코

수염 마무리하기

겉 얼굴 안

눈썹 900 (각 2개)
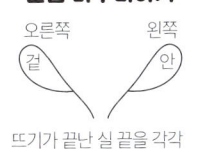
실 끝을 남긴다
실 끝을 약 13cm 남긴다
뜨기 시작 사슬(2코) 시작코

눈썹 마무리하기
오른쪽 / 왼쪽
겉 / 안

뜨기가 끝난 실 끝을 각각 마무리해서 본체에 고정시킨다

마무리하기

68
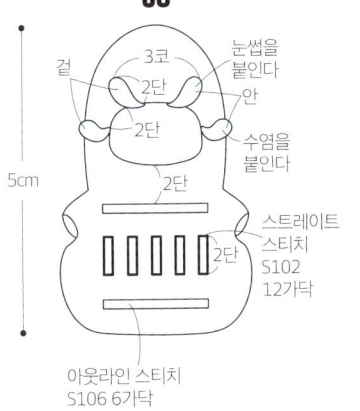
겉 3코 2단 / 눈썹을 붙인다 / 안 / 2단 / 수염을 붙인다 / 2단 / 2단 / 스트레이트 스티치 S102 12가닥
5cm
아웃라인 스티치 S106 6가닥

69
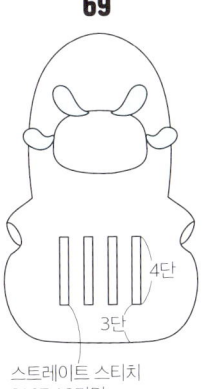
4단 / 3단 / 스트레이트 스티치 S107 12가닥

70
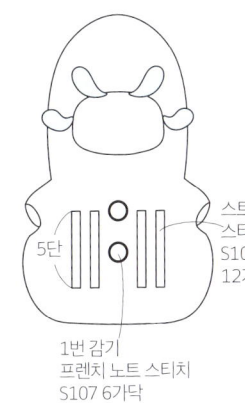
5단 / 스트레이트 스티치 S102 12가닥 / 1번 감기 프렌치 노트 스티치 S107 6가닥

71

1번 감기 프렌치 노트 스티치 S102 6가닥 / 레이지 데이지 스티치 S106 6가닥

＊ 스티치 방법은 p.37 참조

72·73 웨딩 큐피 ° PHOTO p.28

재료

[25번 자수실]

72 흰색(801)…6.5타래, 물색 계열(369A)…1타래,
물색 계열(370A)·보라색 계열(673)·분홍색 계열(1041)…각 0.5타래, 황록색 계열(290)…약간

73 회색 계열(3040)…4.5타래, 흰색(801)…0.5타래,
황록색 계열(227)·물색 계열(369A)·(370A)·샤이니 리플렉터 라메 자수실 빨간색 계열(S102)…각 0.5타래

72·73 공통재료 유자와야 10cm 큐피…각 1개

[그 외의 재료]

73 지름 7mm 단추(검은색)…1개

바늘 코바늘 2/0호(2.0mm)

완성치수 도안 참조

72 면사포 꽃

673
1041   각 5개
370A

면사포 꽃 마무리하기

프렌치 노트 스티치
(1번 감기) 290

← 1.3 cm →

* 뜨기가 끝난 실을 5cm 정도 남겨 면사포의 꽃 붙이는 위치에 고정시킨다

72 리본 369A

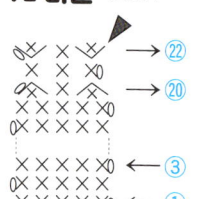

뜨기 시작
사슬(5코) 시작코

리본 마무리하기

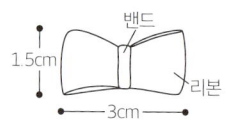

1.5cm 밴드 리본
← 3cm →

① 리본은 겉면끼리 맞대어, 뜨기 시작한 부분과 끝나는 부분을 감침질한다.
② 밴드는 겉면에서 리본의 중심을 감아 바느질한다.

72 리본 밴드 369A

뜨기 시작
사슬(8코) 시작코

72 드레스   * 어깨끈 □와 □, ■와 ■끼리 바느질한다.

<뜨는 방법 포인트>

① 앞뒷길부터 뜬다. 369A로 시작코(32코)를 만들고 1단째는 사슬의 뒷산을 주워서 짧은뜨기를 뜬다.

② 2단째 이후는 801로 앞길→오른쪽 뒷길→왼쪽 뒷길의 순서로 각각 4단까지 짧은뜨기를 뜬다.

③ 왼쪽 뒷길을 뜨고 계속해서 사슬 1코 기둥코를 세운 뒤 가장자리를 뜨면서 어깨끈을 뜬다.

④ 프릴스커트는 시작코의 남아 있는 코, 사슬의 뒷고리를 주워서 뜨기 시작한다.

⑤ 도안처럼 6단까지 뜨고 7단째는 2단째의 남아 있는 사슬 앞고리를 주워서 뜬다.

⑥ 10단째는 1단째의 남아 있는 사슬 앞고리를 주워서 뜬다.

배색 { = 369A
        외 = 801

72 면사포 801

<뜨는 방법 포인트>

① 사슬(38코)을 시작코로 사슬의 앞고리에 둘러서 뜨고 첫코와 마지막 코를 빼뜨기로 연결한다. 사슬 1코를 기둥코로 해서 사슬의 뒷산을 주워 2단을 원형으로 뜨고 실을 자른다.
② 지정 위치에 실을 연결해 왕복뜨기로 도안처럼 5단까지 뜬다(1, 2단째의 X와 X는 시작코 사슬의 뒷고리를 줍는다).
③ 마무리한 3가지 색의 꽃을 지정 위치에 반복하여 붙인다.

73 나비넥타이

S102

＊다 뜬 부분의 실을 15cm 정도 남겨 중심의 시작코에 2번 감아 조인다.

73 코르사주

801
369A } 각 2개
370A…1개

＊다 뜬 부분의 실을 5cm 정도 남긴다.

코르사주 마무리하기

＊실 끝부분을 5cm 정도 남긴다.

총 7개의 실 끝을 369A로 묶어 상의의 지정 위치에 고정하고 줄기 부분을 남겨 실 끝을 정리한다

73 상의 3040

73 소매 3040

73 바지의 가슴 부분 801

73 바지의 밑위 3040

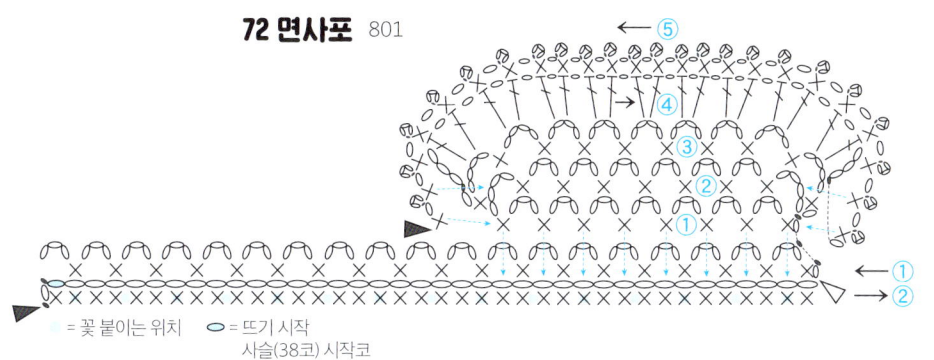

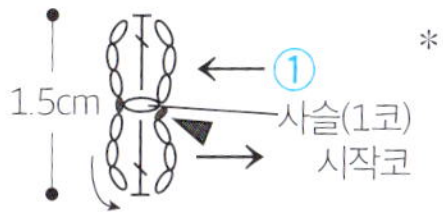

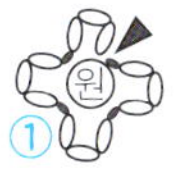

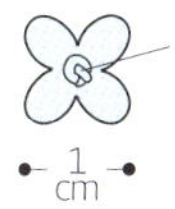

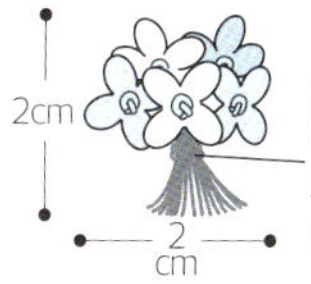

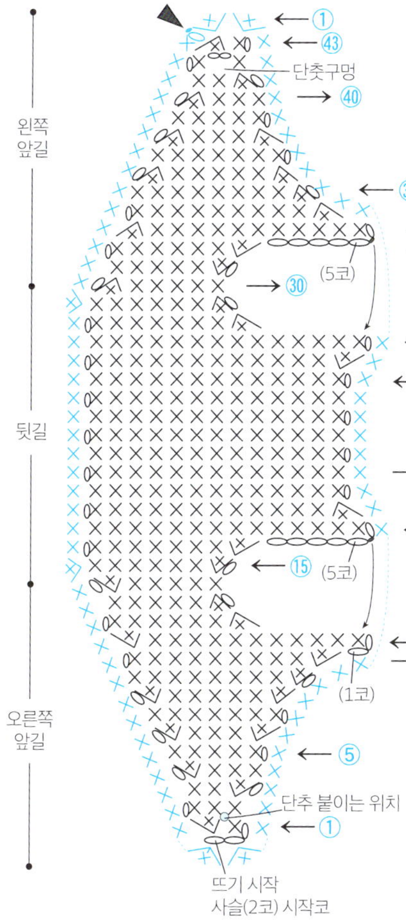

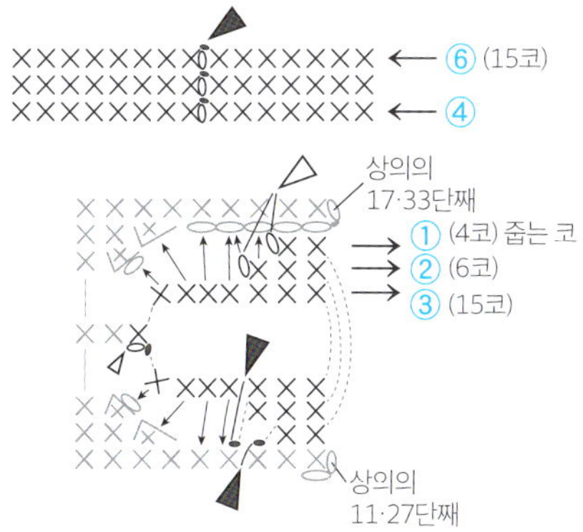

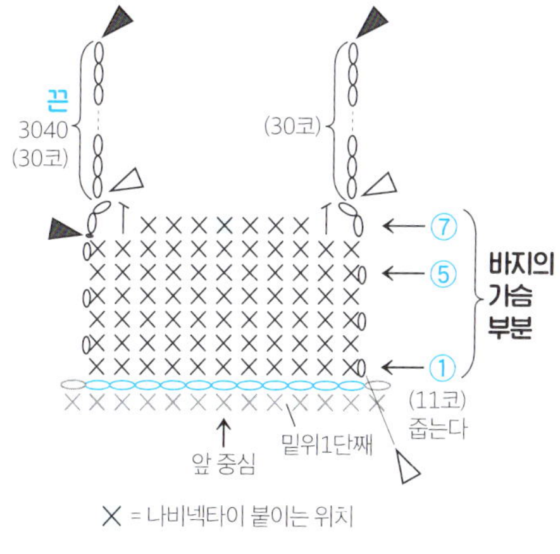

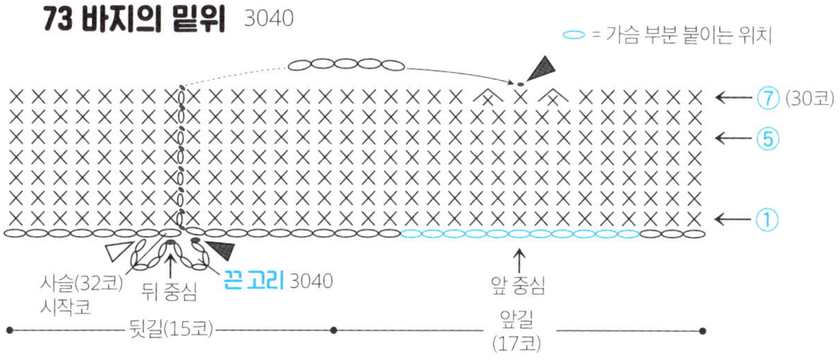

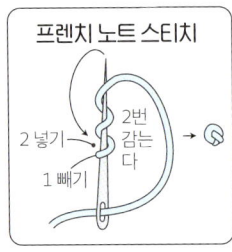

<바지 뜨는 방법과 순서>
1. 밑위를 7단 뜨고 7단째에서 사슬 5코를 만들어 지정 위치에 빼뜨기한다(바지 다리 부분의 위치가 된다). 끈의 고리를 뜬다.
2. 밑위의 지정 위치에 실을 걸어 다리 부분을 뜬다.
3. 밑위 1단째에 실을 걸어 가슴 부분을 뜬다.

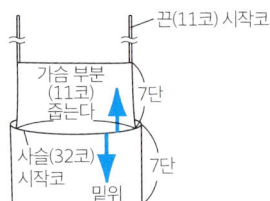

73 바지의 다리 부분 3040   * 밑위 2군데에서 코를 주워 2개 뜬다.

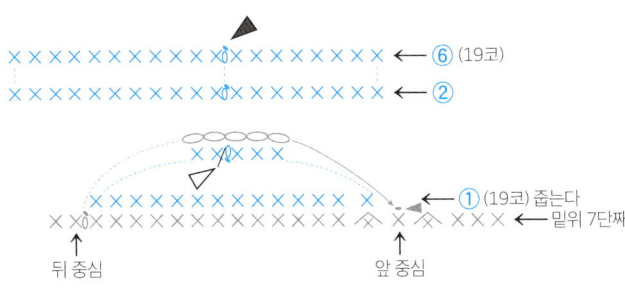

72 마무리하기

73 마무리하기

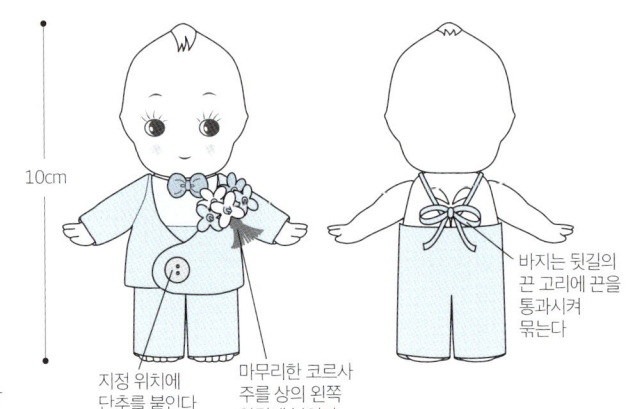

74·75 일본식 웨딩 큐피

° PHOTO p.29 ° POINT LESSON 74 p.43

재료
[25번 자수실]

74 흰색(800)···7.5타래,
분홍색 계열(1035)·샤이니 리플렉터 라메 자수실 빨간색 계열
(S102)·은색 계열(S105)·라이트 골드 계열(S106)···각 0.5타래

75 검은색(900)···3타래, 회색 계열(484·487)···각 1타래,
흰색(800)···0.5타래

74·75 공통재료 유자와야 10cm 큐피···각 1개
[그 외의 재료]
75 재봉실(흰색)···적당량

바늘 코바늘 2/0호(2.0mm)

완성치수 도안 참조

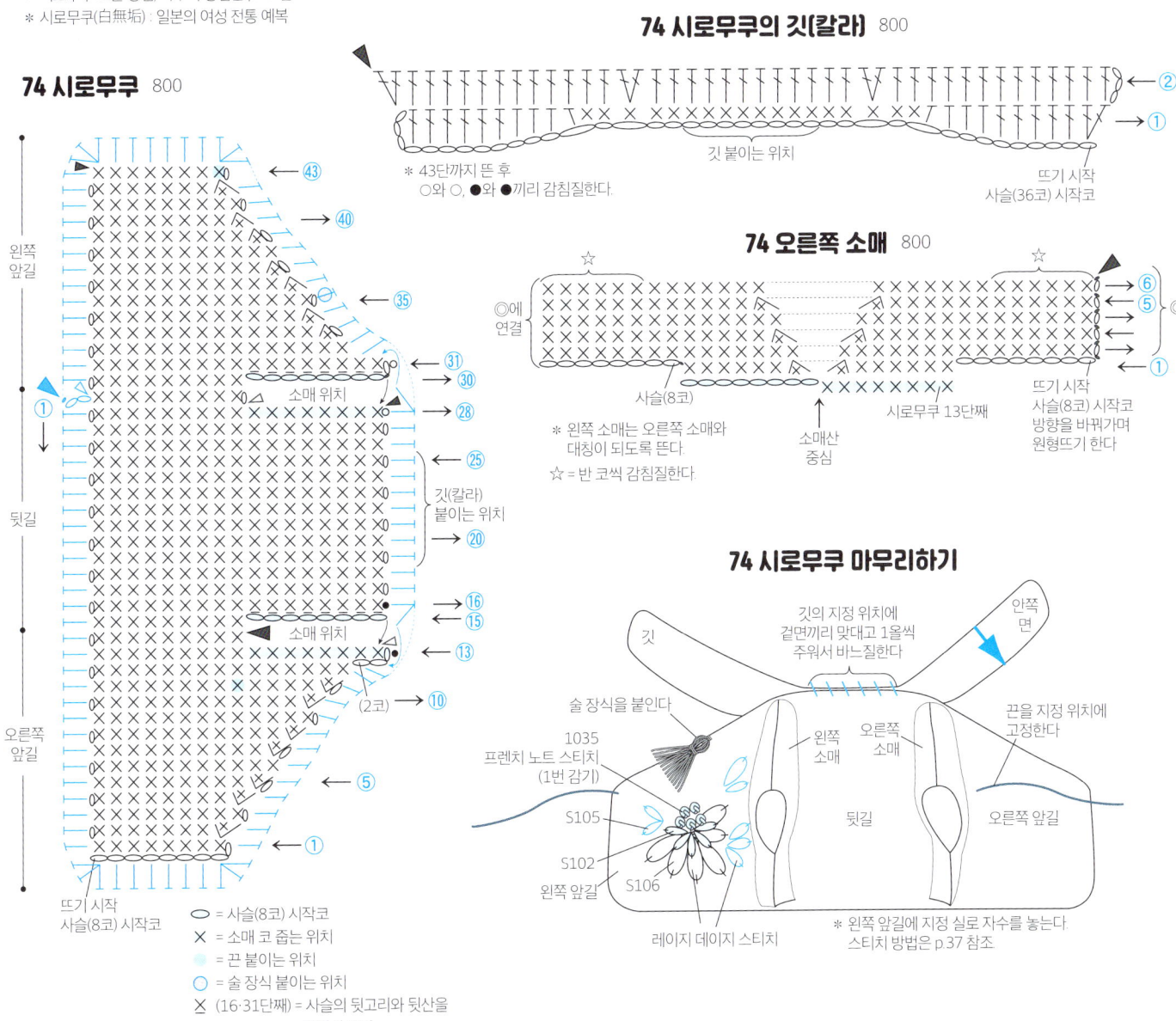

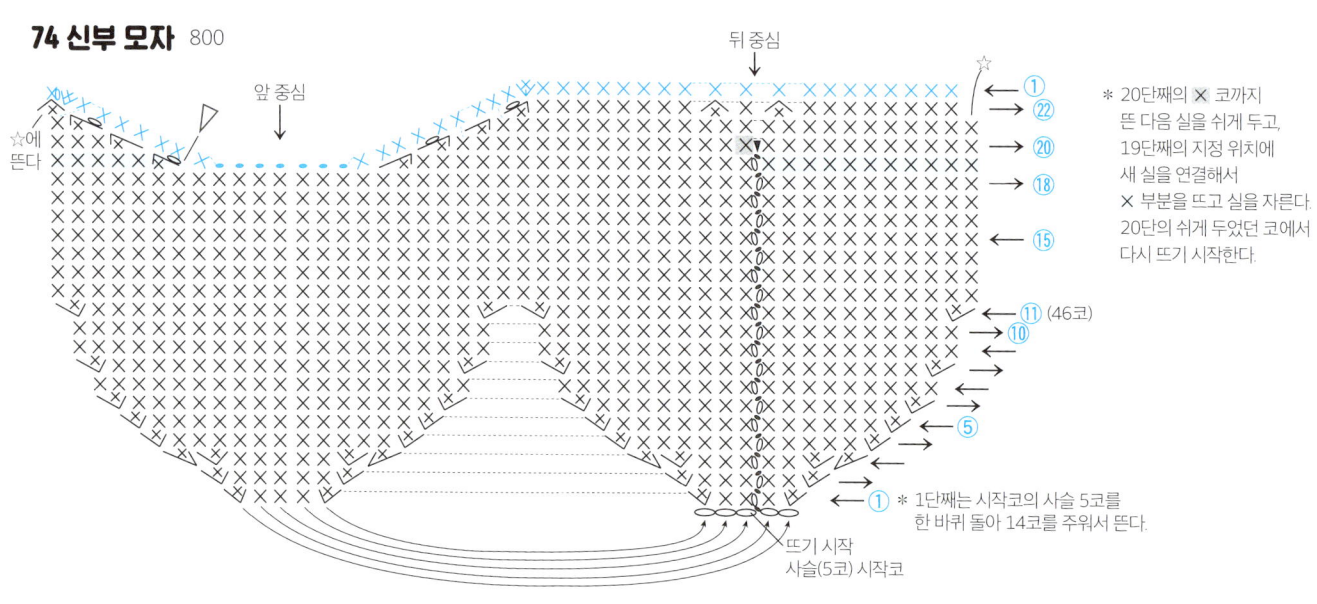

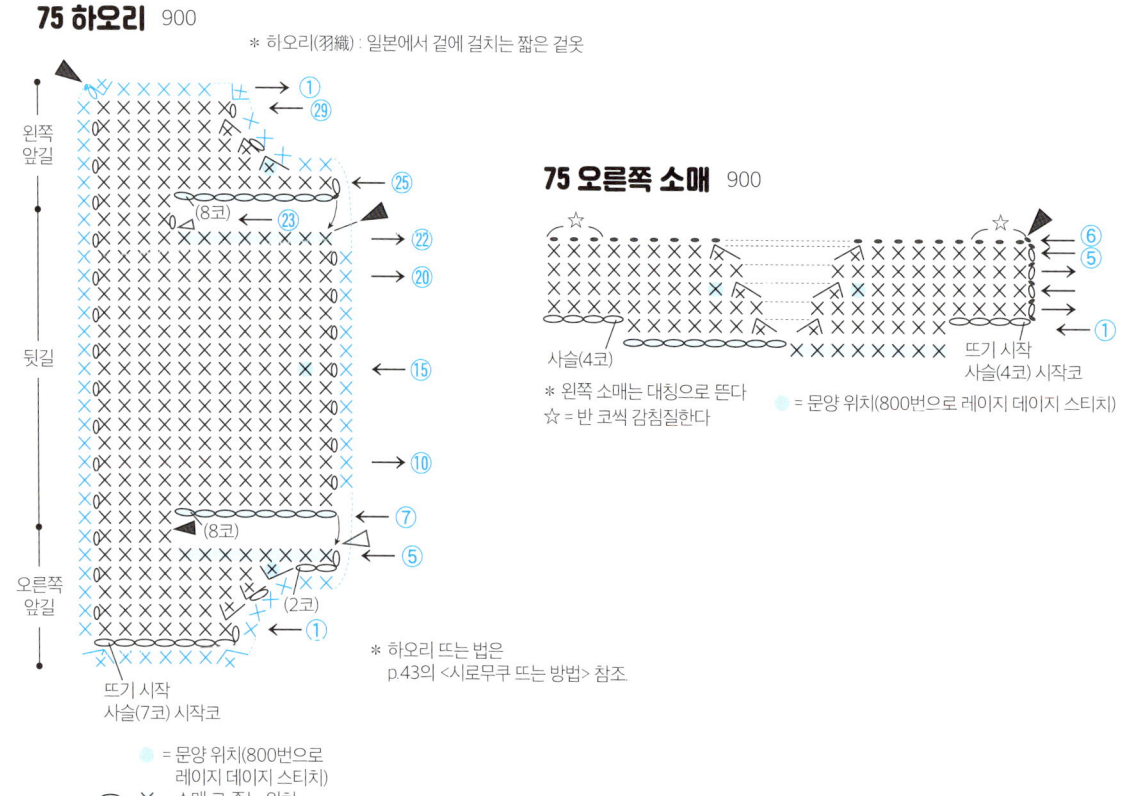

75 가슴 부분

75 하카마의 밑위

<하카마 만드는 방법>

① 사슬 12코를 시작코로 해서 다리 부분은 34단 뜬다.
② 겉면끼리 맞대어 시작코와 마지막 단을 감침질한다.
③ 밑위는 다리 부분의 코를 주워서 2단 뜬다.
④ 가슴 부분을 900번으로 6단 뜨고 계속해서 끈을 30코씩 뜬다.
⑤ 가슴 부분의 6단째에 실을 연결해 800번으로 1단 뜬다.
⑥ 뒤 중심에 끈을 통과시키는 고리를 뜬다.
⑦ 800번으로 폼폼을 만들고 지정 위치에 고정한다.

＊ 하카마(袴) : 겉에 입는 주름잡힌 하의.
하오리와 함께 입는다.

75 하카마의 다리 부분

폼폼 만드는 방법 800

75 마무리하기

74 마무리하기

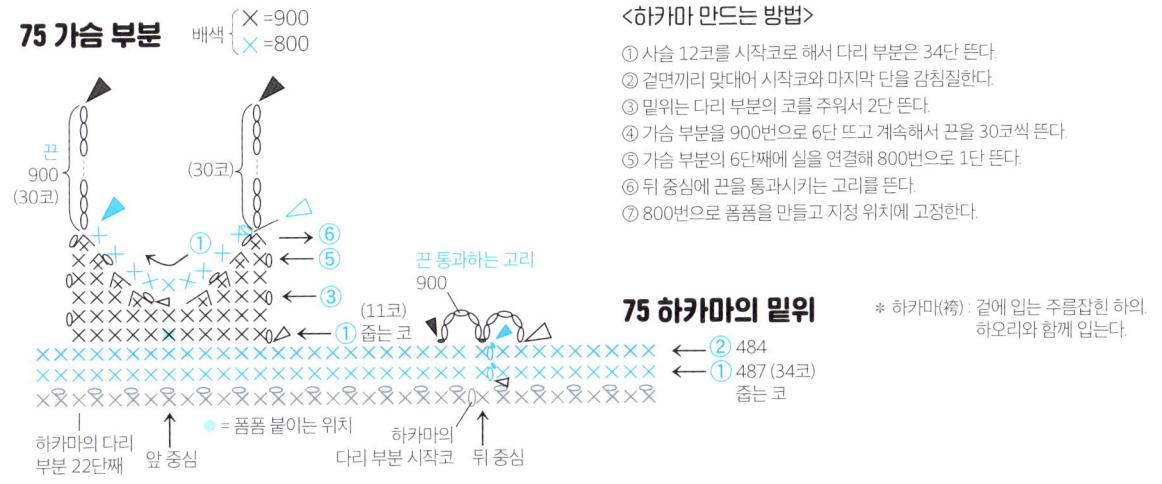

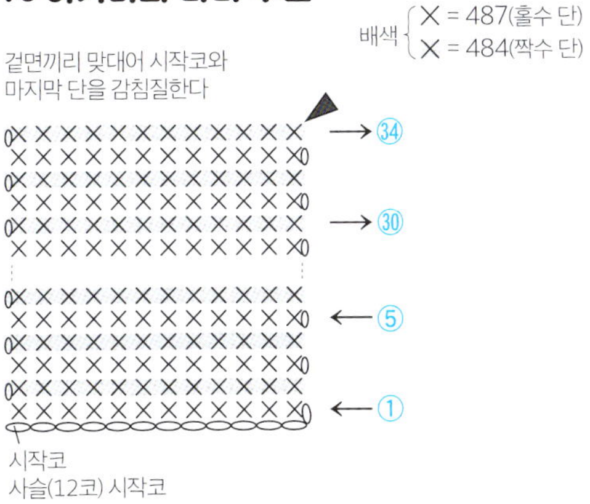

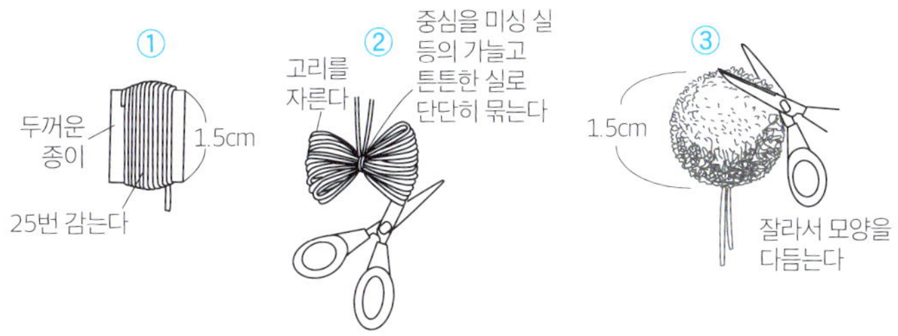

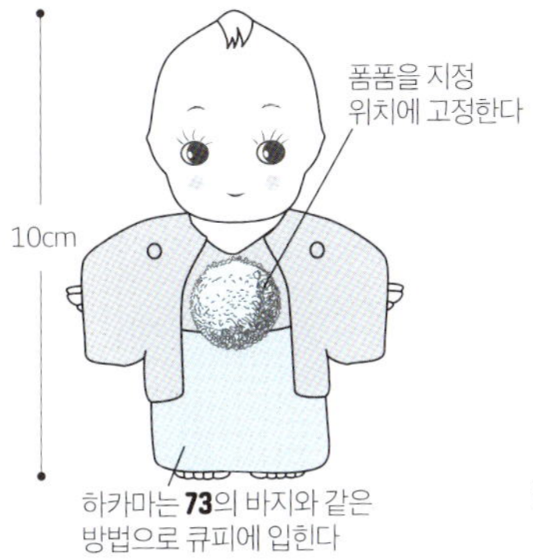

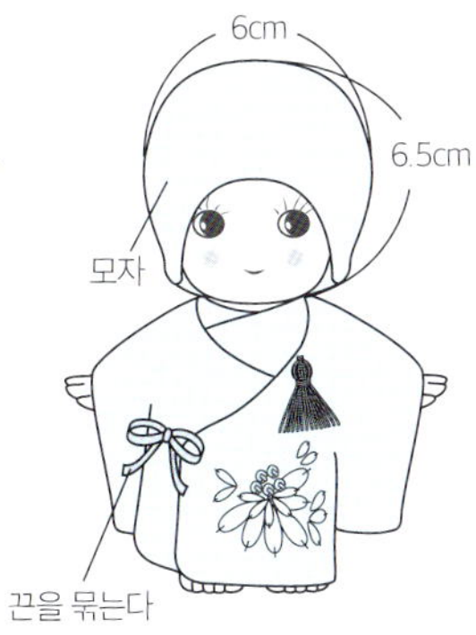

"KAWAII KAGIBARIAMI SHISHUITO DE AMU KEWPIE NINGYO NO KISEKAE 75"
Copyright © E & G Creates Co., Ltd. 2017
All rights reserved.
Original Japanese edition published by E & G Creates Co., Ltd.

This Korean edition published by arrangement with E & G Creates Co., Ltd., Tokyo
in care of Tuttle-Mori Agency, Inc., Tokyo through Danny Hong Agency, Seoul.
Korean translation rights © 2018 by Turning Point

이 책의 한국어판 저작권은 대니홍 에이전시를 통한 저작권사의 독점 계약으로 도서출판 ㈜터닝포인트아카데미에 있습니다.
저작권법에 의해 한국 내에서 보호를 받는 저작물이므로 무단전재와 복제를 금합니다.

자수실로 뜨는
큐피 손뜨개 인형옷

2018년 12월 10일 초판 1쇄 인쇄
2018년 12월 20일 초판 1쇄 발행

지은이 애플민트
옮긴이 구연경
감수 조수연

펴낸이 정상석
책임편집 송유선
마케팅 이병진
디자인 김보라
펴낸 곳 터닝포인트(www.diytp.com)
등록번호 제2005-000285호

주소 (03991) 서울시 마포구 동교로27길 53 지남빌딩 308호
전화 (02) 332-7646
팩스 (02) 3142-7646
ISBN 979-11-6134-035-7 (13630)

정가 14,000원

내용 및 집필 문의 diamat@naver.com
터닝포인트는 삶에 긍정적 변화를 가져오는 좋은 원고를 환영합니다.

이 도서의 국립중앙도서관 출판예정도서목록(CIP)은 서지정보유통지원시스템 홈페이지(http://seoji.nl.go.kr)와
국가자료공동목록시스템(http://www.nl.go.kr/kolisnet)에서 이용하실 수 있습니다.
(CIP제어번호: CIP2018036024)